絵画・製作・造形あそびの基本用具

~楽しい指導のために~

ハサミであそぼう

P.2~3 基本編 ハサミの持ち方・使い方
実践編 ハサミでごちそう

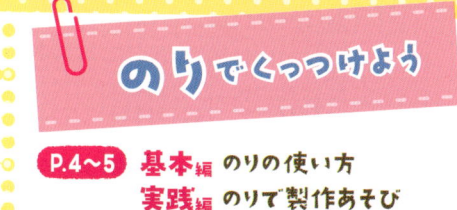

- ミックスベジタブル
- フライドポテト
- ピザ
- 焼きそば

のりでくっつけよう

P.4~5 基本編 のりの使い方
実践編 のりで製作あそび

- こいのぼり
- おはな

水彩絵の具で表現してみよう

P.6~7 基本編 絵の具の使い方
実践編 絵をかいてみよう

- しゃぼん玉
- ロケット

クレヨン・パスを楽しもう

P.8 基本編・実践編 使い方とおえかき

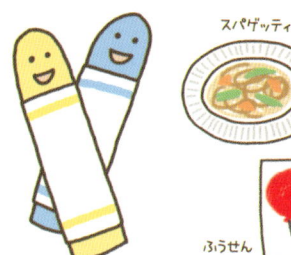

- スパゲッティ
- ふうせん

ハサミであそぼう 基本編

2〜5歳児

ハサミの持ち方・使い方

＊P.23「ハサミの使い方(六つのヒント)」も参照
＊P.42〜43「初めてのハサミ」も参照

姿勢

ひじはわき腹につく程度

ひじは下げて、体の真ん中でハサミを持つ。

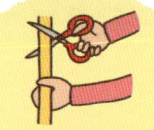

ハサミはまっすぐに！紙を持つ手を少しずつずらしていこう。

渡し方

ハサミの刃は閉じ、持つ所をお友達に向けて「どうぞ」って優しく渡そうね。

刃を握って渡す。

★ハサミは床に置かない。

持ち方

親指とひとさし指、中指をそれぞれの穴に入れて軽くにぎる。

★左利きの子どものために左利き用のハサミも用意しておくとよい。

子どもへのことばがけ

ちっちゃい穴にお父さん指、おっきい穴にお母さん指とお兄さん指を入れてみよう。

実際にハサミを使う前に、から切りをしてみるとよい。

カニさんみたいにチョキチョキチョキ〜！

チョキチョキ〜！

切り方

❶ 1回でチョキン
細い紙を1回で切る。刃の根元のほうを使う。

下から「チョキンチョキン」だよ。

❷ 続けてチョキチョキ
大きい紙を続けて切る。

刃をしっかり広げて根元に紙を入れよう。1回ずつ切り落とさず、途中で止めよう。

❸ 回してチョキチョキ
自由に形を切る。

ハサミの位置は変えずに、紙をゆっくり切りたいほうへ動かそう。

❹ 線の上をチョキチョキ
線の上を切る。

線をよく見て、なぞるようにゆっくり切ろう。線の終わりでハサミを止めよう。

ハサミであそぼう 実践編
ハサミでごちそう

2～5歳児

ミックスベジタブル 〈2～4歳児〉

橙色はニンジンさん、黄色はコーンさん、緑色はグリーンピースさんだよ。

<用意するもの> ハサミ、カップ、色画用紙（橙・黄・緑）
<作り方>
- ニンジン
- コーン
- グリーンピース

カップに入れてできあがり！

左ページ❶の切り方

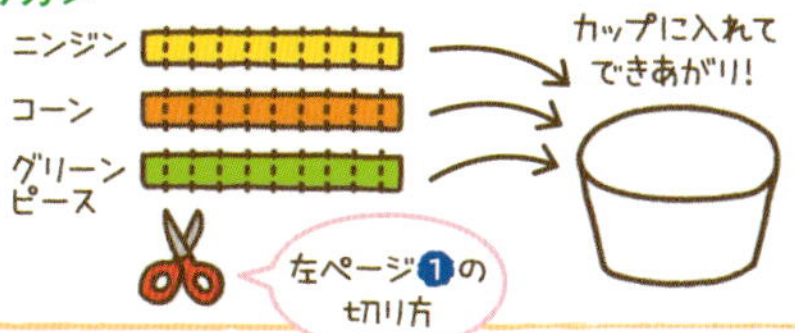

フライドポテト 〈2～4歳児〉

フライドポテトは何のお野菜でしょう。

ジャガイモ～！

<用意するもの> ハサミ、封筒、色画用紙（黄）
<作り方>

左ページ❷の切り方

切った封筒に入れてできあがり！

★封筒に絵や模様をかいてもよい。

ピザ 〈2～5歳児〉

みんなピザ食べたことある？今からいっぱい具をのせておいしいピザを作ろうね。

<用意するもの>
ハサミ、のり、段ボール（生地：あらかじめ保育者が円形に作っておく）、色画用紙（赤・桃・黄・緑・クリーム）（ソース：段ボールよりひと回り小さい円を保育者がかいておく）

<作り方>
- 左ページ❶の切り方 — 赤ピーマン
- 左ページ❷の切り方 — チーズ、ピーマン（筒状）
- 左ページ❸の切り方 — ソーセージ

左ページ❸❹の切り方

生地／ソース／のり

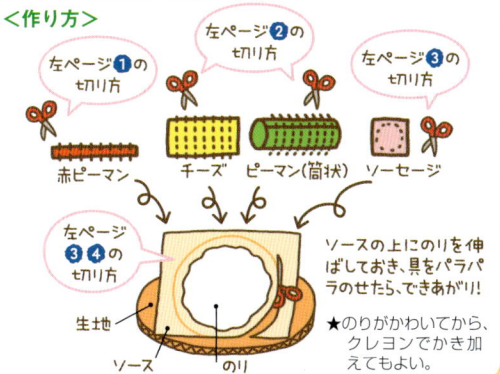

ソースの上にのりを伸ばしておき、具をパラパラのせたら、できあがり！

★のりがかわいてから、クレヨンでかき加えてもよい。

やきそば 〈2～5歳児〉

色画用紙は好きな色を選んでね。焼きそばに好きな具をのせていいよ。

<用意するもの>
ハサミ、のり、新聞紙（あらかじめ子どもが切りやすい大きさにしておく）、器になる色画用紙（いろいろな色を用意しておく）、具となる色画用紙や色紙の端切れ

<作り方>
- そば — 左ページ❷の切り方
- 左ページ❶の切り方
- のり
- 端切れで自由に具を切る
- 左ページ❸の切り方

盛りつけてできあがり！

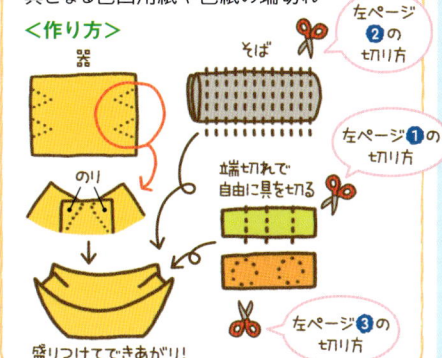

のりでくっつけよう 基本編
のりの使い方

2〜5歳児

*P.38「紙の切り方・折り方、のりの塗り方」も参照

のりが苦手な子どもには保育者が見本を見せながらいっしょに楽しんでしましょう。

「ちょんちょんちょん」
「いっしょにやってみようか」

はり方

<用意するもの>
- のり 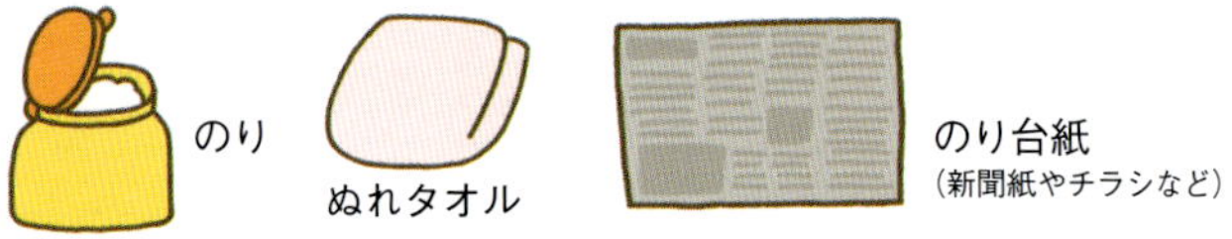
- ぬれタオル
- のり台紙（新聞紙やチラシなど）

❶ 指にとってみよう

お母さん指でちっちゃいものをはるときは米粒ぐらい、おっきいものをはるときは豆粒ぐらいのりをとろう。

❷ 塗ってみよう

はりたいものをひっくり返そう。ちっちゃいものをはるときは塗り広げよう。おっきいものをはるときはちょんちょん塗り。たくさんつけすぎないように気をつけよう。

❸ はってみよう

手のひらでそっと押さえよう。はがれにくいように優しく押さえてね。はったら手をふこう。

のりでくっつけよう 実践編
のりで製作あそび

2〜5歳児

こいのぼり 2〜5歳児

＜用意するもの＞のり、ハサミ、色画用紙、色紙

＜準備＞

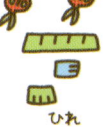

体	色画用紙
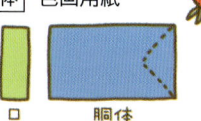 口	胴体 ひれ

目	色紙（3種類の大きさを用意しよう）
	 4つに折って円を切ろう。

うろこ	色紙
	 2つに折ってうろこを切ろう。←こっちから切る！

年齢に応じていっしょにやってみよう。

＜作り方＞

❶ 体を作ろう

ちょん ちょん

体は表を向けたまま、裏に口とひれをはろう。くっつけるところにだけのりをつけてね。

❷ 目とうろこをはろう

ちょん

うろこは根元にのりを「ちょん」だよ。

おはな 2〜5歳児

＜用意するもの＞のり、ハサミ、色画用紙

＜準備＞いろいろな色を用意しておこう。

花びら
2つに折ってこっちから切る！

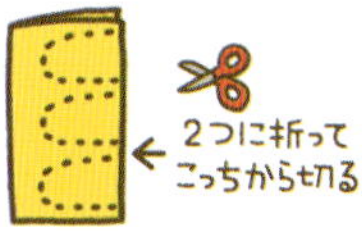

中心の円 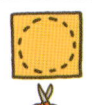　中心の模様

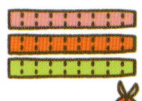

年齢に応じていっしょにやってみよう。

＜作り方＞

❶ 花びらをつけよう

裏

ちょん

花びらの根元にのりを「ちょん」だよ。まるの色画用紙の周りにつけていこう。

❷ 模様をつけよう

ひっくり返す

ちょん

どんなおはなができるかな。

3〜5歳児

水彩絵の具で表現してみよう
絵の具の使い方　**基本編**

＊P.14〜15「初めての水彩絵の具」も参照
＊P.15「水彩絵の具の使い方」も参照

準備

初めてのときは保育者が絵の具を溶いておこう。
- 絵の具だけを使ってかく場合は、水の量を少し減らして濃いめに。
- クレヨンを用いる場合は、水の量を増やして薄めに。

持つ所が汚れてしまうので、筆先がつかる程度の量にしよう。

必ず試しがきをしてしあがりをチェック！

使い方

塗る前に子どもたちとお約束しておこう。

❶ 筆を持ってみよう
筆の真ん中をえんぴつと同じようにもつ。筆は立てて使おう。

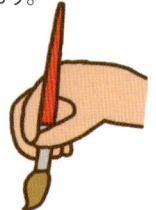

筆は寝かせないでね。

❷ 余分な絵の具を落とそう

ナデナデ

カップの端でやさしくナデナデしてあげよう。

❸ 筆を元に戻そう
色が混ざらないように、同じ色のところに筆をもどそう。

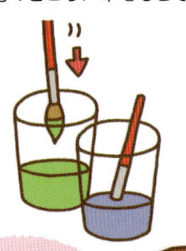

筆は同じ色のカップに必ず返してあげてね。

水彩絵の具で表現してみよう 絵をかいてみよう

3〜5歳児 　**実践編**

シャボン玉 3〜5歳児

<用意するもの>絵の具、クレヨン、画用紙
★4、5歳は個人用パレットを使って自分で色を薄めてもよい。

「はみ出ないように…」
「何色にしようかな」

<遊び方>
1. クレヨンで円をかこう。
2. 円の中を薄めの絵の具で塗っていこう。

筆は1色につき、数本用意しておこう。

年齢に応じて、保育者があらかじめクレヨンで円をかいておいてもよい。

ロケット 4〜5歳児

<用意するもの>
絵の具(ロケットに黒・茶・藍、空に水色)、クレヨン、画用紙
★画用紙は縦横自由な向きでロケットをかいてみよう。

<遊び方>

1 ロケットをかこう

濃いめに溶いた絵の具(黒・茶・藍)から自由に色を選び、ロケットを太い筆でかこう。

2 ロケットの中身・星をかこう

絵の具がかわいたら、クレヨンでかき込んでいこう。

3 空を塗ろう

薄めに溶いた絵の具(水色)で空を塗ろう。
★クレヨンまたは絵の具でロケットから出る火をかいてもよい。

クレヨン・パスを楽しもう 基本実践編
使い方とおえかき

1〜5歳児

＊P.46「焼きそば」も参照

持ち方・かき方

えんぴつと同じ持ち方。空いているほうの手で紙を押さえよう。

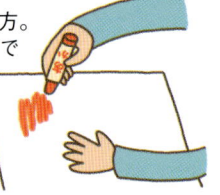

かけなくなったら…

クルクル紙を破いていこう。

クレヨンは…

- なぐりがきを始めた1〜2歳でも扱うことができる。
- 線を表すのにとても適している。

パスは…

- 広いところを塗り込むのに適している。
- 軟らかで、伸びがよく、重ね塗りに向いている。

クレヨンでスパゲッティをつくろう 〈2〜5歳児〉

＜用意するもの＞
クレヨン、紙皿

＜遊び方＞
- クレヨンで自由になぐりがきをしよう。

おいしそうね
こんなのがはいってるよ
ぐるぐる

パスでふうせんをかこう 〈3〜5歳児〉

＜用意するもの＞
パス、画用紙

＜遊び方＞
1. ふうせんをもつ自分の顔をかこう。顔は塗らない。
2. ふうせんを塗り込もう。
3. 糸をかいて、自分に持たせてあげよう。

できた〜
ぼくのふうせんわれないよ〜

よくばりセレクション プチ❷

神戸大学名誉教授 東山 明／編著

絵画・製作・造形あそび
カンペキBOOK

ひかりのくに

はじめに

　幼児を含め、子どもたちはまだ経験も乏しく、ひ弱で保護が必要な面をもっていますが、一方ではどんよくなまでの好奇心、何事にも挑戦する向上心、イメージの世界を自由に飛び回れる想像力、それに豊かな創造力をもっています。そして何よりも、無限の可能性をもっています。まさに子どもはあそびの天才だけでなく、何事にも探索し挑戦していくすばらしい創造者であり、科学者でもあるのです。

　子どもにとって、新しく出会うもの、体験するものすべてが発見であり、挑戦なのです。自分がこれまでに獲得した知識と知恵を駆使して、ああでもないこうでもないと工夫したり、試行錯誤をしながら自分のものにしていくのです。そういう能力と可能性をもっているのが子どもなのです。

　この『絵画・製作・造形あそびカンペキBOOK』は、造形活動を通して、そのような能力と可能性を引き出し育てるための教材研究と、新しい教材開発の手がかりになる本です。ここには、子どもがひとみを輝かせて取り組める新しい教材や題材の紹介、造形の基礎基本や表現技法を押さえた教材事例、子どもの発達を押さえた保育の組み立てや手だてやアドバイスの仕方など、実践を踏まえた事例を多面的に満載しています。

　子どもの主体性と子どもの力を大事にすることは当然です。しかし、単なる自由や放任だけでは子どもは育ちません。発想したり工夫したり表現することを楽しめる雰囲気づくり、子どもがひとみを輝かせるような題材や材料の工夫、子どもの発達を押さえた手だてやアドバイスの工夫が必要です。子どもは、その糸口さえ見つければ、機関車のようにダイナミックに動きだします。子どもが自分なりに工夫したり、こだわりをもって造形表現をし始めたら、後は褒め励まし、温かく支えていきたいものです。

　幼児の保育にかかわる保育者の皆さんには、新しい教材開発や研究のために、学生の皆さんには、幼児の造形教育の研究や保育実習の手がかりに、ぜひこの本を活用していただきたいと思います。

　この本の編集・出版にあたりまして、お世話になりました執筆者の皆さん、ひかりのくに株式会社、同編集部の安藤憲志氏に、誌面を借りまして厚くお礼を申し上げます。

東山　明

本書の特長

子どもたちが喜ぶ新しい教材づくりを考えていく手がかりにしましょう。
子どもたちの、かいたり作ったりするあそびを網羅しました。保育の中での表現活動が豊かになります。
新しい教材を考えていく手がかりにしてください。

保育者としての造形に対する力がつきます。
七つの章それぞれが、子どもたちにとってどんな意味をもつ活動なのか、どんなことに注意して進めればよいかなど、各章の扉に解説してあります。
そのほか、おのおのの項目の中にも、造形活動の向上に役だつ内容が散りばめられています。

造形活動の基本的指導力が身につきます。
本書の中に囲み記事として、ハサミの使い方や絵の具の扱い方など、造形活動の基本となるものを解説しました。保育者としての指導力を高めるのに役だちます。

子どもの絵の発達に関する解説つき。
第7章に、低年齢児のころからの子どもの絵の発達について、解説を入れています。絵画指導に役だててくださることを願っています。

本書の使い方

- 各章から、取り入れようとする活動についての項目を探してください。保育者が興味をもって楽しめそうなことから、保育に生かしてください。
- 各項目には内容に応じて、「遊び方」「作り方」「造形活動」「保育の流れ」と、タイトルに変化をつけました。すべて保育の中でのことには違いありません。しかし、保育者自身の力を高めるため、あえてそのようにしてあります。編者や執筆者が伝えたいことを読みとっていくきっかけにしてください。
- 写真やイラストを多数掲載してあります。まず、イメージを膨らませてください。同時にクラスの子どもたちならどう取り組むか、想像してみましょう。そうする中で、「用意するもの」のイメージも、よりはっきりしてきます。"Aちゃんにこんな言葉をかけたら、みんなを引っ張ってくれるだろうな"などと、具体的に保育のようすも思い浮かべましょう。"今のクラスには、まだハサミがうまく使えない子どもが多いので、そこをなんとかしたいな"と、保育のねらいに通じるイメージも出てくるようにしましょう。
- 「ポイント」は、その項目についての注意点です。「アレンジ」は、発展させた内容です。必ず目を通しておき、一つのことからいくつもの工夫ができるきっかけにしましょう。

用紙サイズの目安 ——一般的な用紙の規格サイズをまとめました。画用紙などの紙を選ぶときの目安にしてください。

A0	118.9×84.1cm	B0	145.6×103.0cm
A1	84.1×59.4cm	B1	103.0×72.8cm
A2	59.4×42.0cm	B2	72.8×51.5cm
A3	42.0×29.7cm	B3（四つ切は、このくらい）	51.5×36.4cm
A4	29.7×21.0cm	B4（八つ切は、このくらい）	36.4×25.7cm
A5	21.0×14.8cm	B5	25.7×18.2cm
A6（おおよそはがき大）	14.8×10.5cm	B6	18.2×12.8cm

絵画・製作・造形あそびカンペキBOOK　　CONTENTS

はじめに ……………………………………… 2
本書の特長／本書の使い方／用紙サイズの目安 …… 3

第1章　絵をかこう　　7

いろんなものにかいてみよう！ ……………… 8
- しわくちゃのクラフト紙に恐竜をかこう …… 8
- 大きな布に海の中をかこう ………………… 8
- 段ボール箱にかこう① ……………………… 9
- 段ボール箱にかこう② ……………………… 9
- 透明のビニールシートにかこう …………… 10
- ティッシュペーパーをはりつけた下地にかこう …… 10

なぐりがきから ……………………………… 11

いろんな筆でかいてみよう！ ……………… 12
- 手や足を使って …………………………… 12
- 歯ブラシを使って ………………………… 13
- スポンジを使って ………………………… 13

初めての水彩絵の具 ………………………… 14
- 絵の具で遊ぼう …………………………… 14
- 太筆でかく ………………………………… 14
- 絵の具セットを使ってかく ……………… 15

花火を作ろう ………………………………… 16
- パスで花火を作ろう ……………………… 16
- 絵の具で花火を表現しよう ……………… 16
- フェルトペンで花火を作ろう …………… 17

初めてのコンテ ……………………………… 18
- コンテで遊ぼう …………………………… 18
- コンテでかく ……………………………… 18
- コンテでかこう …………………………… 19

なーがい絵 …………………………………… 20
- なーがい絵をかいてみよう① …………… 20
- なーがい絵をかいてみよう② …………… 20
- 大きな用紙にかいてみよう ……………… 21

カタツムリ …………………………………… 22
- カタツムリの行列だ ……………………… 22
- カタツムリの住みか ……………………… 22
- 紙皿で作るカタツムリ …………………… 23

絵地図をかこう ……………………………… 24
- こんな動物園や公園があったらな ……… 24
- 遠足に行ったこと ………………………… 25
- みんなの街 ………………………………… 25

絵の具で技法あそびをしよう！ …………… 26
- 染め紙で万国旗を作ろう ………………… 26
- シャボン玉できれいな水玉模様を作ろう … 27
- 洗うと出てくる不思議な絵 ……………… 27
- マーブリングをしてみよう ……………… 28

にじの色から… ……………………………… 29

人をかく―導き方とアドバイス …………… 30
- 人をかく発達の順序 ……………………… 30
- 聞き方、アドバイスの仕方 ……………… 30
- 人の表現の導き方 ………………………… 31

育てたものを絵にかこう …………………… 32
- イチゴ ……………………………………… 32
- ヒマワリ …………………………………… 32
- 大きなダイコン …………………………… 33
- ヒヤシンス ………………………………… 33

ティーシャツデザイン ……………………… 34

第2章　平面造形をしよう　　35

絵肌を作る …………………………………… 36
絵肌作りからコラージュへ ………………… 37
スプレーペイント …………………………… 38
見たて(意味づけ)あそび …………………… 39
こすり出し(フロッタージュ) ……………… 40
デカルコマニーから… ……………………… 41

初めてのハサミ ……………………………… 42
- 直線を切る ………………………………… 42
- 曲線を切る ………………………………… 43

紙を破ったり切ったり ……………………… 44
- 長ーく破って競争しよう ………………… 44
- いろいろな形に破ろう …………………… 44
- 新聞紙のハスの花を咲かせよう ………… 45

食べるものを作ろう ………………………… 46
- 焼きそば …………………………………… 46
- ホットケーキ ……………………………… 46
- お子さまランチ …………………………… 47
- お誕生日ケーキを食べたの ……………… 47

リュックサックとお弁当 …………………… 48
- お弁当 ……………………………………… 48
- 遠足に行こう ……………………………… 48
- 動物の顔のリュックサック ……………… 49

紙皿の飾り …………………………………… 50
- ヒマワリのお花畑 ………………………… 50
- 動物の顔を作ろう ………………………… 50
- 人の顔 ……………………………………… 51
- 紙皿にフェルトペンで絵をかこう ……… 51

スタンプあそび ……………………………… 52
- 野菜でスタンプ …………………………… 52
- 段ボールでスタンプ ……………………… 52
- みんなで作ろう―応用編 ………………… 53

CONTENTS

- 版画をしよう ……………………………………54
  - ●スチレン版画 ………………………………54
  - ●紙版画 ………………………………………54
  - ●発展編 ………………………………………55
- プリント作り ……………………………………56
- ボディプリント …………………………………57
- ろうけつあそび …………………………………58

第3章 手づくりおもちゃで遊ぼう　59

- ポリ袋で遊ぼう …………………………………60
  - ●風船でバレーボールあそびをしよう ……60
  - ●傘用ポリ袋の風船 …………………………60
  - ●びっくり箱 …………………………………61
- 引いて遊ぶおもちゃ ……………………………62
  - ●虫のおもちゃ① ……………………………62
  - ●虫のおもちゃ② ……………………………62
  - ●段ボール箱の車 ……………………………63
- 空き箱で作ろう …………………………………64
  - ●動くおもちゃを作ろう ……………………64
  - ●おもしろカーを作ろう ……………………64
  - ●おもしろ生き物(マリオネット)を作ろう …65
- 牛乳パックで、動くおもちゃ …………………66
- 紙コップの不思議な生き物 ……………………67
- 牛乳パックを使って① …………………………68
  - ●紙トンボ ……………………………………68
  - ●けん玉 ………………………………………68
  - ●ボール ………………………………………69
  - ●びっくり箱 …………………………………69
- 牛乳パックを使って② …………………………70
  - ●入れもの(ポット/コップ) ………………70
  - ●水車 …………………………………………70
  - ●ヨット・モーターボート …………………71
- けん玉で遊ぼう …………………………………72
  - ●紙コップけん玉 ……………………………72
  - ●メガホンけん玉 ……………………………72
  - ●カップけん玉 ………………………………73
  - ●ペットボトルけん玉 ………………………73
- ペットボトルで万華鏡 …………………………74

第4章 素材で遊ぶ・自然で遊ぶ　75

- 水あそびいろいろ ………………………………76
  - ●色水あそびをしよう ………………………76
  - ●シャボン玉 …………………………………76
  - ●シャワーブロックで遊ぼう ………………77
- シャボン玉あそび ………………………………78
  - ●シャボン液作り ……………………………78
  - ●飛ばす道具作り(シャボン玉) ……………78
  - ●遊び方 ………………………………………79
- 砂山で遊ぼう ……………………………………80
  - ●砂山アートを楽しもう ……………………80
  - ●砂山のタウンを作ろう① …………………80
  - ●砂山のタウンを作ろう② …………………81
- 泥で遊ぼう ………………………………………82
  - ●お店屋さん(お好み焼き屋さん/おすし屋さん) …82
  - ●アース(地球)ケーキを作ろう ……………83
  - ●アース(地球)タコ焼きを作ろう …………83
- 土粘土で遊ぼう …………………………………84
  - ●土の粘土で遊ぼう …………………………84
  〈ニンジン星人を作ろう/どこまで伸びるかゲーム/粘土の塔〉
  - ●顔はんこを作ろう …………………………85
  - ●ベル人形を作ろう …………………………85
- 軽量粘土を使って ………………………………86
- スライムあそび …………………………………87
  - ●いろいろな柔らかさのスライムを作る …87
- タンポポのあそび ………………………………88
  〈わたぼうしを飛ばそう/タンポポの笛/タンポポの風車〉
- エノコログサのあそび …………………………89
  〈エノコログサの穂で「毛虫だぞ!」/出てこい「毛虫」/つけひげ〉
- ドングリで遊ぼう ………………………………90
  〈帽子/こま・人形/やじろべえ〉
- 「草笛」と「ササ舟」 ……………………………91
  〈草笛/カラスノエンドウの笛/ササ舟・木の葉舟〉
- 木片あそび ………………………………………92
  - ●形の異なる木片で遊ぼう …………………92
  - ●丸太でペンダントを作ろう ………………92
  - ●動くおもちゃ ………………………………93
- 草木染めをしよう ………………………………94
  - ●アサガオの色水で染めよう ………………94
  - ●藍の葉っぱでたたき染めをしよう ………94
  - ●タマネギでハンカチを染めよう …………95
- スチロール玉で生き物作り ……………………96

第5章 ものを作る活動　97

- 風船あそび ………………………………………98
- ロックアート ……………………………………99
- 紙袋を使って① …………………………………100
  - ●紙のおもちゃ ………………………………100
  - ●封筒で作るおもちゃ ………………………100
  - ●大型紙袋を使って …………………………101

CONTENTS

紙袋を使って②―パクパク人形 ……………102
- ●封筒人形 …………………………………102
- ●紙袋人形① ………………………………102
- ●紙袋人形② ………………………………103

音の出るおもちゃ〈折り紙で〉 ……………104
- ●紙笛〈紙笛①／紙笛②／紙笛③〉 ………104
- ●動物笛〈イカ笛／ペンギン笛〉 …………105

手づくり楽器で演奏しよう …………………106
- ●タンブリンいろいろ ……………………106
  〈針金と王冠や貝殻で／フィルムケースと針金で／
  鈴と紙皿やアルミ皿で〉
- ●マラカス・ガラガラ ……………………107
- ●小太鼓 ……………………………………107

つるす飾り ……………………………………108
- ●曲線テープの飾りもの …………………108

おしゃれなかつら ……………………………110

毛糸の迷路 ……………………………………111

染め紙で作ろう ………………………………112
- ●染め紙をしよう …………………………112
- ●染め紙で飾ろう …………………………112
- ●染め紙でアルバムを作ろう ……………113

テーマコラージュ ……………………………114

第6章　みんなで作ろう　115

窓ガラスを飾ろう〈エアーキャップを使って〉 …116
- ●エアーキャップに絵をかく① …………116
- ●エアーキャップに絵をかく② …………116
- ●みんなで作る場合 ………………………117
- ●室内装飾として活用する ………………117

たなばたあそびをしよう ……………………118
- ●たなばた飾り① …………………………118
- ●たなばた飾り② …………………………119
- ●たなばた飾り③ …………………………119

紙で作る動物園 ………………………………120
- ●紙で作る動物たち ………………………120
- ●動物園 ……………………………………120
- ●怪獣を作ろう ……………………………121

お店屋さん ……………………………………122
- ●おだんご屋さん〈みたらしだんご／三色だんご〉 …122
- ●タコ焼き屋さん …………………………123
- ●占い屋さん ………………………………123

ファッションショー …………………………124
- ●厚手のポリ袋を使って …………………124
- ●模造紙や新聞紙を使って ………………124
- ●変身の小道具や飾るもの ………………125

みんなで作ろう壁面装飾 ……………………126
- ●アジサイを作ろう ………………………126
- ●秋の枯れ葉 ………………………………126
- ●ダイコン畑 ………………………………127

お花畑を作ろう ………………………………128
- ●薄紙で作ろう〈ティッシュペーパーで／半紙で〉 …128
- ●折り紙や色上質紙を使って作ろう ……129
  〈折り紙で／色上質紙で／オリジナルの花〉
- ●紙コップや空きカップを使って作ろう …130
- ●お花畑にしよう …………………………130

新聞紙でおうちを作る ………………………131

お祭り …………………………………………132
- ●おみこしを作ろう ………………………132
- ●屋台の食べ物を作ろう …………………132
- ●帽子（かさ）を作ろう …………………133
- ●はっぴや衣装を作ろう …………………133

ひな祭り ………………………………………134
- ●ひな壇飾り ………………………………134
- ●壁飾り ……………………………………134
- ●流しびな …………………………………135

花火大会 ………………………………………136
- ●花火① ……………………………………136
- ●花火② ……………………………………136
- ●花火大会 …………………………………137

クリスマスの飾り ……………………………138
- ●クリスマスツリー ………………………138
- ●クリスマスリース ………………………138
- ●クリスマスブーツ ………………………139

迷路を作ろう …………………………………140
  〈設計図をかこう／床を作ろう／壁を作ろう／分かれ道を作ろう／
  壁を増やそう／いろいろな工夫をしよう〉

影絵シアター …………………………………142

第7章　子どもの絵の表現の発達の道筋　143

①なぐりがきの時期　②象徴期　③図式期　④写実の黎明期
⑤写実期　⑥完成期 ……………………144～147

●造形指導の基本ポイント解説コーナー●

水彩絵の具の使い方	15
コンテの使い方	19
ハサミの使い方（六つのヒント）	23
紙の切り方・折り方、のりの塗り方	38
版画をするとき	53
版画絵の具の使い方	55
展示や壁面装飾の工夫	127

※各章の扉にも解説があります。

第1章 絵をかこう

絵をかこう

- **子どもの絵は子どもからのメッセージ**

 子どもはその小さい体の心の窓から、想像したり、驚いたり、発見したり、体験したことを絵に表現します。AちゃんにはAちゃんのメッセージ、BちゃんにはBちゃんのメッセージがあり、1枚1枚に生命のいぶきがほとばしっています。その子どもの絵からのメッセージはわたしたちにとって、子ども宇宙を知る手がかりにもなります。それが子どもの絵の魅力なのです。

 子どもは「ウ、ギギギー」と夢中になって怪獣をかいたり、イメージの世界に入り込んでお人形の絵をかいています。そして絵をかきながら自分の世界をつくり、そこからイメージを広げていきます。また、発見したり驚いたことを絵に表す活動を通して、いろいろなものと対話する中で、ものを見る目を育てたり、認識を深めたりして、感性を豊かにしていきます。

- **芸術活動の意味**

 自分の内にある思いや喜びを絵を通して表出（発信）したり、外からのものを内に受け入れていて（受信）、心の中で確かめる、そのような発信と受信という相互の活動を繰り返す中で、自分の考えをまとめたり、自我が育ったり、心の中に叡智をはぐくむ重要な働きをするのです。そういった美術や音楽の活動がまさに芸術活動であり、子どもの成長過程でとても重要な活動なのです。

- **絵の指導の手だて**

 幼児の絵の指導で特に大切なのは、子どもの興味と意欲を引き出すことです。放任では子どもの表現は育ちません。題材の工夫、保育の組み立てや手だての工夫、材料の工夫、環境や雰囲気づくりなど、さまざまな工夫がいります。具体的な手だては、これから掲載する実践例を参考にしてください。

絵をかこう
いろんなものにかいてみよう！

絵は画用紙にかくものと決まっているわけではありません。
身の回りを探して、いろんなものにかいてみましょう。
みんなで力を合わせて、大きな壁画や立体造形を楽しみましょう。

しわくちゃのクラフト紙に恐竜をかこう　　　　　　　　　　（3〜5歳児）

- ●用意するもの
大きなクラフト紙、絵の具、筆・ハケ・ブラシなど
- ●遊び方
①クラフト紙を適当な大きさに切ったものを丸めていきます（だれがいちばんちっちゃいボールにできるかな？）。
②今度は大きく広げて、手でアイロンがけします。
③絵筆や少し硬めのハケなどで、大きな恐竜をかいてみましょう。しわくちゃの表面がまるで恐竜の皮膚のようです。

大きな布に海の中をかこう　　　　　　　　　　　　　　　　（4・5歳児）

- ●用意するもの
大きな布（シーツなど）、ベニヤ板、画びょう、絵の具、大きい筆・ハケ・ブラシなど、霧吹き
- ●造形活動
①いらなくなったシーツなど大きな布を水でぬらし、立て掛けたベニヤ板に画びょうで留めます。
②大きめの筆やハケで、海の中をイメージしながら青・緑・紫などの色を塗っていきます。紙とは違って、にじみがどんどん広がっていくのがとっても楽しい。にじみにくい所には霧吹きで水を吹きかけましょう。そうすると、もっとにじみます。
③少し乾いたら（完全に乾かしてもよい）、海の中にいるものをいっぱいかいていきましょう（お魚はもちろん、海草や岩なども忘れないでネ！）。

- ●アレンジ
布にかくこと自体が子どもにとってはおもしろい体験なので、画題は「海の中」に限らずどんなものでもかまいません。布も、着古したティーシャツやワイシャツなどを使えば、形を生かしたおもしろさをねらえます。

●いろんなものにかいてみよう！●

段ボール箱にかこう①

(3～5歳児)

●**用意するもの**●
段ボール箱、ポスターカラー、筆、透明粘着テープ

●**造形活動**●
①段ボール箱をていねいに開きます。
②文字などが印刷されていない裏側に、好きな絵や模様をかきましょう。ポスターカラーや水彩絵の具を少し濃いめに溶いたものを、太めの筆にたっぷりつけて思いっきりかいてみましょう（おもしろい形をしているからその形をうまく利用してかくとよいでしょう！）。
③乾いたら、絵をかいた方が表になるように、箱の形に組み立ててみましょう。とても変わった模様の箱ができます。いろんな向きから眺めてみるとおもしろいでしょう。小物入れにも使えます（箱の組み立てには、せっかくかいた絵が隠れてしまわないように、透明の粘着テープを使いましょう）。

段ボール箱にかこう②

(4・5歳児)

●**用意するもの**●
段ボール箱、ポスターカラー、筆、クラフトテープ（コーティングされていないもの）またはパネル用の紙テープ

●**造形活動**●
①段ボール箱を箱の形に組み立てます（ふたの部分は開けておきます）。普通のクラフトテープは絵の具をはじくので、コーティングされていないものか、パネル用の紙テープを使うとよいでしょう。
②ポスターカラーで箱を好きな色に塗ったり、絵をかいたりしましょう。いくつかの箱を合体させてもよいでしょう。
③箱の外だけでなく、内側にもかいてしまいましょう。大きな箱なら、中に入ってかくとよいでしょう。

●**アレンジ**●
段ボール箱を三つ積み上げて、軽く四隅をクラフトテープで固定し、四面に人物や動物をかきます。そのとき、上の段ボール箱には顔、真ん中には胴と手、下には足がくるようにかきましょう。できてからそれぞれの段ボール箱をくるっと回して、顔・胴・足の組み合わせを変えて遊びます（真ん中に支柱を入れたり、上からつるしたりすると回しやすいです）。

第1章 絵をかこう

●いろんなものにかいてみよう！●

透明のビニールシートにかこう　　　　　　　　　　（3〜5歳児）

透明の素材は、向こうが透けて見えるのが特徴。そこに絵がかけるなんて、それだけで子どもたちの目が輝きます。

●用意するもの●
透明ビニールシート（ホームセンターなどで売っている、机の上に敷くもの）、ポスターカラー、油性フェルトペン、中性洗剤

●造形活動●
①テーブルクロスの上に敷くビニールシートを、渡り廊下の柱と柱の間などにピンッと張って、クラフトテープで留めます。
②ポスターカラーを少し濃いめに溶いて、その中に家庭用の中性洗剤を2〜3滴入れてよくかき混ぜておきます。
③ビニールシートのあっち側とこっち側に分かれてにらめっこ。ビニールシートを透かして見える向こう側は、とても不思議な感じです。
④タイミングよく、②のポスターカラーを軟らかめの筆とともに用意しましょう。油性フェルトペンも使えます（向こうの人がかいたのがこっちから見えるよ！　こっちからそれに続けてかいてやれ。どんどん自由にかいて、向こう側が見えなくなるまでかいちゃおう！）

●ポイント●
中性洗剤（取り扱いに注意しましょう）を入れたポスターカラーを使えば、このほかにガラスや金属、プラスチックなど、絵の具をはじいてかきにくかったものにもかけるようになります。また、ぬれたぞうきんでふき取れば簡単に消すこともできます。この特性を生かして、どんどんいろんなものにチャレンジしてみましょう。

ティッシュペーパーをはりつけた下地にかこう　　　　　　（4・5歳児）

●用意するもの●
ティッシュペーパー、木工用接着剤、厚紙または段ボール、絵の具、コンテ、パス

●造形活動●
①大きめの容器に木工用接着剤を同量の水で溶いたもの（絵の具で着色しておいてもよい）を用意し、その中にティッシュペーパーを浸しておきます。
②厚紙や段ボールの上にこのティッシュペーパーをはりつけていきます。このときティッシュペーパーが破れたり、しわになったり、重なったりしても気にせずどんどんはっていきましょう（むしろ、しわや重なりがあった方がおもしろい下地ができます）。
③全面にはってもよいですし、何かの形（おとうさんの顔など）にはってもかまいません。はれたら乾かします。乾くときかなり内側に反るので、それがいやな場合は机にテープ止めするなどして乾燥させます。
④絵の具やパス、コンテなどを使ってかきましょう。場所によって絵の具のしみこみが違うので、にじんだりかすれたり、またしわやでこぼこがおもしろい効果を発揮します。乾ききらず湿り気が残っている状態でかいたり、霧吹きで水を吹きかけながらかいたりしてもよいでしょう。

絵をかこう
なぐりがきから

子どもたちは線のなぐりがきから始めて、その線からイメージした見たて絵をつくります。

(3〜5歳児)

● **用意するもの**
インデックスカード（または15cm×24cmくらいに切った紙）、黒いフェルトペン（色を変えていきましょう）

● **遊び方**
①単純ななぐりがきをしたインデックスカードを子どもたちに渡します。
②子どもたちに、このなぐりがきから何ができそうかたずねます。
③始めの線に線をかき加え、いろいろな形をかきます（動物、人間、その他のもの）。最初に保育者が演じてもよいです。

インデックスカード

それぞれになぐりがきをします。
A　B　C　D

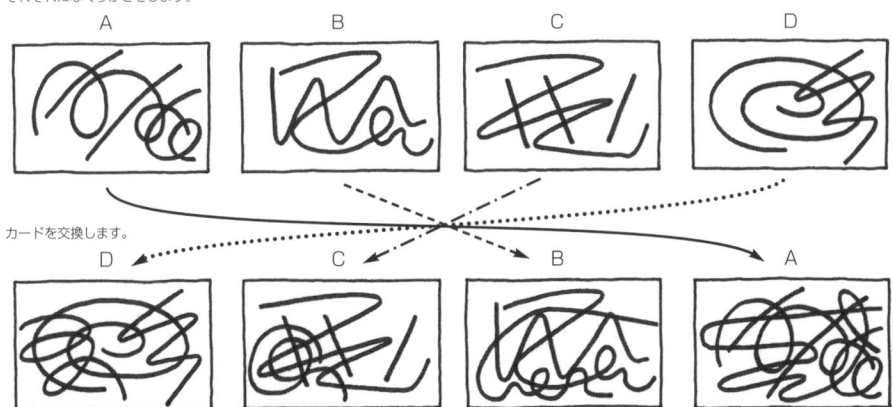

カードを交換します。
D　C　B　A

別の子どもがかき加えていきます。

● **アレンジ**
いくつかのなぐりがきをかいたインデックスカードを子どもたちに渡します。数秒で、あまり考えないでなぐりがきをかくように促します。それからカードを変えて、新しいカードにかきの続きをかきます。偶然の形から自由に見たてて、新しい形を発見できるようになることが目的です。

第1章　絵をかこう

絵をかこう
いろんな筆でかいてみよう!

絵をかく道具は絵筆だけではありません。
いろんなものを筆にして、おもしろい絵をかいてみよう。
全身を使って造形あそびをしよう。

手や足を使って

(2〜5歳児)

筆がないと絵がかけないなんてうそ！　直接手や足を使って絵をかいちゃおう。

●用意するもの

小麦粉、容器（ボウルなど）、絵の具（食紅）、水着など汚れてもよい服

●遊び方

① 小麦粉と水を1：4の割合でよく混ぜ合わせ、それをとろ火にかけてのり状になるまで煮ます。冷めたら絵の具を入れて着色します（絵の具の代わりに食紅を使えば、誤って口に入れてもだいじょうぶ）。また防腐剤の役割をするので、酢を少量入れておきます。

② 最初は泥んこあそびから始めましょう。この絵の具を手に取って、大きめのじょうぶな紙の上に塗り広げていきます（体中汚れるので、汚れてもいいような工夫をしてください。水着を着て遊び、済んだらシャワーを浴びるなど）。

③ 慣れてきたら指や手のひらで模様をかいたり、絵をかいたりして楽しみます。ボディーペインティングなどもおもしろいです。でも、足を使うときは滑りやすいので注意してください。

④ ころあいを見計らって、保育者は画用紙を持ってきます。おもしろい絵や模様の所に画用紙をかぶせて、上から軽くこすると版画のように写し取れます。すぐに子どもたちもやりたがるので、やりたい子どもに画用紙を配ります。

⑤ 写し取った後の紙もそのまま乾かしましょう。大きな共同作品としてもよいし、乾燥後切り取って、はり絵などに使ってもおもしろいですよ。

●アレンジ

泥んこあそびだけ、あるいは写し取ることだけを考えるのであれば、紙の上でやる必要はありません。机の上や床で直接やってもよいでしょう。

いろんな筆でかいてみよう！

歯ブラシを使って (4・5歳児)

毎朝使っている歯ブラシだって、りっぱな筆になるんですよ。

●用意するもの
歯ブラシ、絵の具、皿、画用紙や色画用紙、金網

●遊び方
①歯ブラシに絵の具をつけて、画用紙の上をシュッと一掃き（どんなふうにかけたかな？ 細かい線が一度にたくさんかけましたね）。
②歯ブラシを使ってどんなものがかけるでしょう？ いろいろ考えてみましょう。
③例えばライオンのたてがみ。画用紙にオレンジ色の絵の具でライオンの顔をかきます。色画用紙を切り抜いて作ってもよいでしょう。
④その周りに歯ブラシを使ってたてがみをかいていきましょう。茶色の絵の具を歯ブラシにつけて、シュッシュッシュッ。あっという間にりっぱなたてがみができあがりました。
⑤ほかにもいろいろなものがかけます。草原の草、クリのイガイガ、髪の毛など、いろんなものをかいてみましょう。ほうきやたわしなども同じような効果が出せるので、大きな紙で使ってみましょう。

●アレンジ
歯ブラシに絵の具をつけて、細かい目の金網（ぼかし網）にこすりつけると、下に細かい絵の具の粒子を散らすことができます（スパッタリング）。木の葉などを置いた上から絵の具を散らすと、木の葉の形が残っておもしろいですよ。

スポンジを使って (4・5歳児)

台所や洗車で使うようなスポンジも、柔らかさを生かした独特の効果がねらえます。

●用意するもの
スポンジ、水彩絵の具、大きな紙（模造紙、画用紙全紙）、型紙

●遊び方
①容器に水彩絵の具やポスターカラーを少し硬めに溶いておきます。そこに、用意したスポンジを浸して絵の具をつけたら、いったんギュッと絞りましょう（絵の具をつけすぎると、にじんで柔らかさが出ないです）。
②模造紙など大きめの紙に、スポンジをポンポンと押していきます（四角や丸いのなど、いろんな形のスポンジがあるとおもしろいですね！）。
③かすれて色が出なくなってきたら、また絵の具をつけてどんどん押しましょう。何度も重ねて押した所は色が濃くなっていきます。いろんな色を重ねて押したり、少しずつ色を変えていったり、薄い所からだんだん濃くしていったりしてみよう。
④空に浮かんだ雲やにじなど、柔らかい感じのものがいろいろ作れます。型紙を置いて押していくと、切り抜いた形が写し取れます。

●アレンジ
スポンジをローラー状にした道具も市販されています。これを使うとまた違った表現ができます。また清掃用の柄のついたスポンジなども、おもしろい使い方ができそうです。

第1章　絵をかこう

絵をかこう
初めての水彩絵の具

絵の具で遊ぼう
フィンガーペインティング　（2〜5歳児）

●**用意するもの**
ボディペイント（手づくりの場合は、ポスターカラー＋洗濯のり少々＋台所洗剤少々）、テーブル（テーブルに新聞紙を敷き詰め、ポリ袋またはビニールシートで覆います。テーブルの周辺は、絵の具の流れ出しを止めるために、新聞紙で高さ5cm程度のうねを作ります）。保育者の手もとにA4程度の画用紙。

※手づくりの場合、絵の具に過敏反応がないか、パッチテスト（アレルギー反応が出るかどうかのテスト。皮膚科医に確認してください）が必要です。過敏な場合、活動にはビニール手袋を使用しましょう。

●**遊び方**
①準備したテーブル上に、ボディペイントを数色流し入れ、テーブルの周囲を子どもたち（5〜10人程度）が取り囲みます。
②指、手のひらを使って、全身を揺り動かすイメージで、テーブル上の絵の具を自由に押し広げてかき回し、楽しみます。
※絵の具の汚れに対する恐怖を取り除き、絵の具に親しませることが目的です。汚れてもよい衣服に着替えて、心ゆくまで遊ぶようにしましょう。
③遊ぶ途中、美しい色合いや形が見られる部分に、保育者がA4程度の画用紙をおいて図柄を転写します。後日、色紙や模様紙として活用すると効果的です。

フィンガーペインティングの部分転写。

太筆でかく
魚をかく　（3・4歳児）

●**用意するもの**
太い筆（大人の親指ほどの筆先の大きさがよい）、カラーボトル（保育者が混色したさまざまな色を入れておく容器です。350ccの缶を3〜10個、カラフルなビニールテープで巻いて作ります）、四つ切画用紙

●**造形活動**
①前もって保育の中で、絵本により「魚」のお話をしたり、浅瀬での水あそびや保育室で水槽の魚を見るなどによりイメージづくりを進めておきましょう。ひれ、尾、背中の模様などに気づくよう援助してください。
②カラーボトルの絵の具と、太い筆を使用して、思い思いの魚をかきます。
③筆は1色に数本、多いめに用意します。色が混ざり合わないよう、筆は常に同じカップに置くよう助言しましょう。無意味な混色は、色が黒濁色になってしまいます。

魚をかく（3歳児）

14

絵の具セットを使ってかく

イモ掘りをかく　　　　　（4・5歳児）

●**用意するもの**
絵の具セット（各自持ち）、水入れバケツ、ぞうきん、パス、画用紙

●**造形活動**
①園外保育のイモ掘りを終えて、その感動をかきます。
②導入で、イモを掘ったときの感動がよみがえるように、掘った姿、イモのようす、イモづる、土のようすなどを子どもたちと話し合います。
③パスを使ってかいた後、思い思いに絵の具を使って着色します。
④元気な表現、色や形の工夫などを褒めて、励ましましょう。

イモ掘り（5歳児）

●**ポイント**　　水彩絵の具の使い方

イモ掘りに限らず、子どもたちにとって楽しかったでき事は、感動が消えないうちに題材にしましょう。

●**低年齢児**
　低年齢児では共同使用のカラーボトル（14ページ参照）を使用します。保育者が混色の上、色を準備します。つまり、混色によって味わいのある色を作っておくところに、保育者の技術や感性が輝きます。

●**使い方の約束**
　子どもたちの絵の具の使い方に対しては、「赤い色の所の筆はいつも赤い色の所に、青い色の所の筆はいつも青い色の所に入れます」「色は筆で底から混ぜて、そっと持ち上げるとポタポタ落ちます。だからカップ（トレイなど）の縁でナデナデしてからかきます」と、動作を見せて助言しましょう。

●**5歳児**
　5歳ごろより個人持ちの絵の具セットを持たせ、パレット上に必要な色を並べる方法、筆使いの方法、道具のかたづけ、絵の具で汚れた保育室のかたづけの方法を指導します。
　共同使用のカラーボトルと異なり、色使いにも子どもたちの個性が発揮できます。

●**混色の指導**
　混色の指導は、個人持ちの絵の具セットの使用に慣れたころを見計らって行ないます。最初から混色させると、その楽しさからすべてを混色してしまい、画面が黒濁色になってしまいます。

× ポタポタ
○ ナデナデ

第1章　絵をかこう　15

絵をかこう
花火を作ろう

夏の夜空を彩る花火。
いろんな材料を使って花火を作ろう（136ページ『花火大会』参照）。

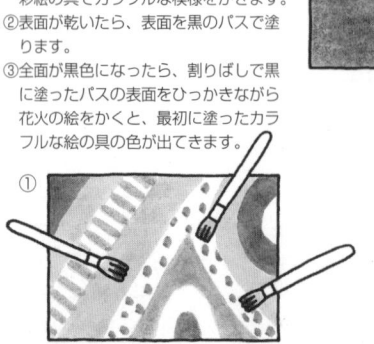

パスで花火を作ろう　　（4・5歳児）

●**用意するもの**
新聞紙、画用紙、パス（またはクレヨン）、黒色水彩絵の具、太筆（またはハケ）

●**造形活動**
① パスを使って、画用紙に思い思いの花火の絵をかきましょう。
② できたら、新聞紙の上に花火の絵を載せ、藍色や黒色の水彩絵の具を全面に塗りましょう。一瞬にして夜空に花火が浮かび上がります。

パスでかくときは、力を入れてゴシゴシかきましょう。

●**ポイント**
・パスの代わりに、クレヨンでかいてもよいです。
・水彩絵の具は、一度に溶かしてさーっと塗りましょう。

絵の具で花火を表現しよう　　（4・5歳児）

●**用意するもの**
画用紙（B6～B5くらい）、黒色パス、水彩絵の具、筆、割りばし

●**造形活動**
① B6～B5くらいの大きさの画用紙に、水彩絵の具でカラフルな模様をかきます。
② 表面が乾いたら、表面を黒のパスで塗ります。
③ 全面が黒色になったら、割りばしで黒に塗ったパスの表面をひっかきながら花火の絵をかくと、最初に塗ったカラフルな絵の具の色が出てきます。

花火を作ろう

フェルトペンで花火を作ろう　　（4・5歳児）

●用意するもの
新聞紙、ティッシュペーパー、水性フェルトペン、ハサミ、黒色画用紙、のり

●造形活動
① ティッシュペーパー（2枚重ねのものから1枚はがす）を四つ折りにして、最後に三角形に折ります。
② 新聞紙の上に置き、水性フェルトペンで色をしみこませます（ペン先は線を引くようにすると破れるので、上から置くような感じで色をにじませます。ティッシュペーパーの裏まで色がにじめばOK）。
③ 色を置き、模様をつけられたら、ティッシュペーパーが破れないように広げ、乾かします。
④ 乾いたら、ハサミで適当な形に切り抜き、黒など、花火が引き立つような色画用紙にはりましょう。
⑤ はれたら、画用紙の下に夜の町をかくと雰囲気が出ます。

●ポイント
フェルトペンは"かく"というより、インクをティッシュペーパーにしみこませる感じで。

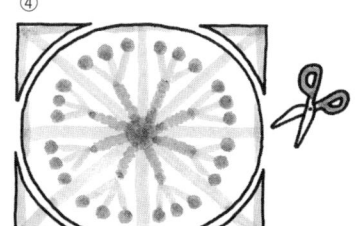

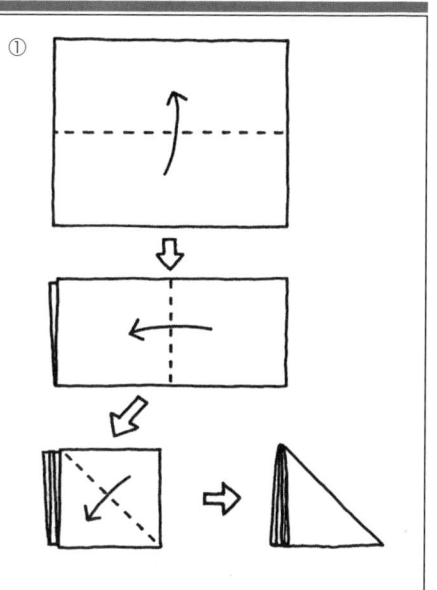

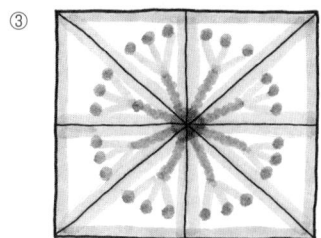

第1章 絵をかこう

絵をかこう
初めてのコンテ

コンテで遊ぼう　　ゴシゴシ、ナデナデ　　（3〜5歳児）

●用意するもの
A4〜A3程度の画用紙、カラーコンテ、カット綿（またはティッシュペーパー）、乾いたぞうきん

●遊び方
①「小さな丸、大きな丸を自由に繰り返しかく。ゴシゴシ塗ってカット綿でなでる、または指でなでる」この動作の繰り返しで、コンテ独特のぼかしの楽しさを体験します。
②指先、手の汚れは、ときどきぞうきんを使ってぬぐいます。活動を終えてからせっけんで手洗いしてください。

コンテでかく　　絵の具とコンテでカメをかく　　（4歳児）

●用意するもの
カメの絵（前もってカラフルにかいておきましょう）、コンテ（灰・黒・紺・茶などの暗色）、カット綿（またはティッシュペーパー）、乾いたぞうきん

●造形活動
①カメに触ったり遊んだりしてから、太い筆でカメを画面いっぱいにかいておきましょう。
②カラフルな絵の具でかき、すでに乾いている絵にコンテを載せる活動です。暗色の下からカラフルな色がのぞきます。絵の具の上にコンテを重ねるという新しい体験に、子どもたちは夢中になって活動します。
③絵の具の上にゴシゴシとコンテを塗り、カット綿、指、手のひらを使って塗り広げます。ときどきぞうきんを使って指先をぬぐいます。
④せっけんで手を洗います。

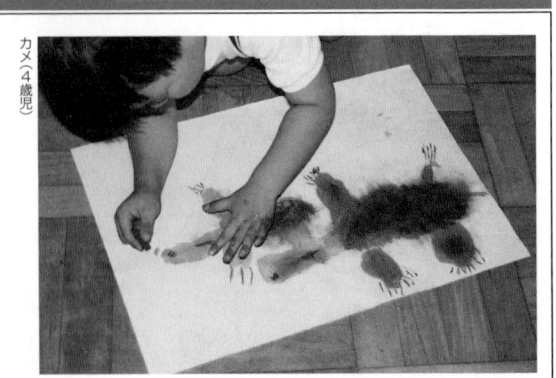

カメ（4歳児）

●ポイント
・活動の終了後、せっけんで洗うと元の手に戻ることを知らせて安心させましょう。
・夢中になって時間をかけすぎると、絵の具の色がすっかり隠れてしまいます。切り上げ時を留意します。

●アレンジ
カメの絵に限らず、一つの色のように見えていろいろの色がのぞいているもの、例えばザリガニやカタツムリ、アジサイの絵などに応用できます。

●初めてのコンテ

コンテでかこう

パイナップル　　　　　　（5歳児）

●**用意するもの**
葉つきパイナップル、カラーコンテ、カット綿（またはティッシュペーパー）、乾いたぞうきん、四つ切画用紙

●**造形活動**
　子どもたちは目の前にあるものを写生するわけではありません。感動をかくのです。手触りからも感動が得られるよう、大ぶりで葉を多く蓄え、果実部分もとげとげしく、パイナップルの個性が伝わりやすいものを選んで準備してください。
①十分に時間をかけて、パイナップルに触ったり感じたことを話し合います。パイナップルは、かいている途中にも何度でも触りに行ける所に置いておきます。 
②ゴシゴシとかいたり、カット綿や指、手のひらを使ってなで回したり、その上にまたかいたりを繰り返して完成させます。
③手の汚れは、ときどきぞうきんを使ってぬぐいましょう。

パイナップル（5歳児）

●**ポイント**　　**コンテの使い方**

　カラーコンテはパスと異なり、かいたり、カット綿や指、手のひらを使ってなで回したり、その上にまたかいたりの繰り返しが特徴です。その方法やタイミングを助言、援助しましょう。
　手の汚れは、ときどきぞうきんを使ってぬぐいましょう。夢中になってかきますので、あちこちにコンテの汚れがつきます。汚れてもよい衣服に着替えて、自由な心で活動しましょう。もちろん汚れは、せっけんでの水洗いで簡単に落ちます。
　作品完成後、保育者の手によってスプレー式定着液（画材専門店などで売っています）を画面に吹きかけると、コンテが定着します。

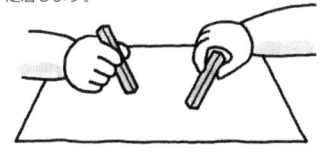

ヒゲじいさんだあ！

けんちゃんもよ！

※知らないうちにコンテが顔についていたときの、子どもたちの会話です。

第1章　絵をかこう

絵をかこう
なーがい絵

なーがい絵をかいてみよう① 秋の草花 (4・5歳児)

●用意するもの
背の高い草花(ススキ・キク・ヒマワリ・アサガオなど)、パス、絵の具、長い画用紙(四つ切画用紙を横長1/2に切って横へはり、つないだもの)

●遊び方
子どもたちの興味を引き出すには、時には画用紙の色を変えたり、思いきって形を変えたりすることが効果を生みます。
①長くつないだ画用紙を引きずるようにして保育室へ持ち込むなど、子どもたちに強印象を与えるように、導入を工夫してください。
②園外保育で取ってきた秋の草花や、園庭のキクなどを話題にして話し合いを進めます。
③フロアに置いた長い画用紙にかぶさるようにして、パスで思い思いにかきます。後半は、絵の具によって着色します。

秋の草花(4歳児)
子どもたちがかいたなーがい絵(縦長)を、どの絵も引き立つように、保育者がつなぎ合わせました。

なーがい絵をかいてみよう② 建物・高速道路・空港・街・動物など(4・5歳児)

●用意するもの
背の高い草花(ススキ・キク・ヒマワリ・アサガオなど)、パス、絵の具、長い画用紙(四つ切画用紙を横長1/2に切って横へはり、つないだもの)

●造形活動
①子どもたちに長い画用紙を印象づけた後、「このなーがい画用紙には、いつもはかけなかったなーがいものがかけるね。みんなは何をかきますか」と、話し合いを始めます。
②長いもの、背の高いもの、広さが必要なものなど、子どもたちの意見に賛同しながら、それぞれがかきたいもののイメージを膨らますことができるように、援助します。
③それぞれがパスでかき始めます。
④後半は、絵の具によってバチック(はじき絵)の効果を取り入れます。
⑤工夫しているところ、最後まで努力しているところなどを褒めて、励ましてください。

空港・高速道路・電車(5歳児)

なーがい絵

大きな用紙にかいてみよう　　冬眠　　　　　　　　　（5歳児）

●用意するもの
ビニールシート、模造紙全紙（枚数はグループ数の分）、油性フェルトペン、絵の具セット、水入れバケツ、ぞうきん

●保育の流れ
①保育者による「冬眠」についてのお話で、イメージづくりを援助します。
②汚れ止めのビニールシートの上に模造紙を広げ、グループでの話し合いが進みます。
③油性フェルトペンでかき始めます。それぞれの活動に任せますが、消極的で活動に加われない子どもには、参加できる空間に誘導し、動物の冬眠の話を聞かせ、イメージが生まれるよう助言しましょう。
④フェルトペンでかく子ども、絵の具で着色をする子ども、それぞれが積極的に活動が進められるように、工夫を褒めながら援助しましょう。
⑤かたづけもグループで話し合い、分担してかたづけられるように援助しましょう。

●アレンジ
同じ要領で、「街」をかいても楽しい活動ができました。大きな用紙を数人でかき、それらをさらに組み合わせて、大画面の絵画活動となりました。

冬眠（5歳児）

街（5歳児）

●四季の草花をかこう● なーがい絵のヒントにも

- 秋の草花（ススキ・ワレモコウ・オミナエシ・リンドウ・キクなど）は春の草花と異なってつくりが違い、背の高いものが多いことに気づかせましょう。
- 夏には園庭のヒマワリやアサガオ、オイランソウなどをみんなでよく見た後、話題にしましょう。
- かき上がった作品は、子どもたちとほぼ等身大です。保育室の壁面にすると、子どもたちも満足感を味わえます。
- 5歳児は、話し合いで役割り分担をしての活動が可能になります。グループ活動を取り入れてみましょう。

第1章 絵をかこう　21

絵をかこう
カタツムリ

6月は梅雨の季節。
子どもにとって、雨の季節のお友達はカタツムリです。
仲よしになって、カタツムリの絵をかきましょう。

カタツムリの行列だ (3〜5歳児)

●用意するもの
画用紙、パス、フェルトペン、水彩絵の具、筆、ハサミ

●造形活動
①カタツムリを飼い、観察したり、遊んだり、歌をうたって、カタツムリとお友達になってから絵をかくようにしましょう。
②クレヨンやフェルトペンで、小さい紙にカタツムリをかいて遊びましょう。
③友達がかいたカタツムリで、工夫したところをみんなで見せ合って学び合いましょう。
④四つ切か八つ切の画用紙に、クレヨンやパスで、大きなカタツムリを線だけでかきましょう。
⑤黄色や草色や橙色の水彩絵の具で、きれいな色のカタツムリにしてみましょう(実物の色と異なってもよいです)。
⑥できたカタツムリを、ハサミで切り抜きましょう。
⑦みんなが作ったカタツムリを、写真のように行列にして展示しましょう。

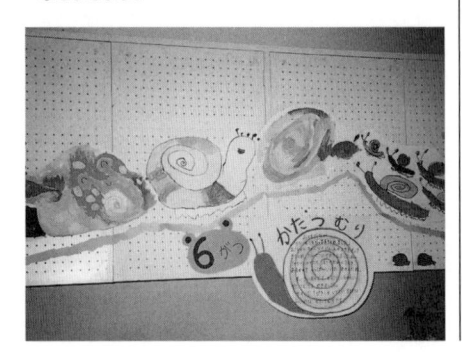

カタツムリの住みか (5歳児)

●用意するもの
「カタツムリの行列だ」で作ったカタツムリ、色画用紙、新聞紙、広告チラシ、クレヨン、パス、のり

●造形活動
①「カタツムリの行列だ」で作ったカタツムリを利用します(写真のように、カタツムリの殻を、新聞紙や広告チラシで作ってもよいです)。
②「カタツムリは、どんな所に住んでいるのかな?」などと、カタツムリを取りに行ったときのようすを思い出してみましょう。
③薄い色の色画用紙(四つ切)を数種類用意して、好きな色を選びましょう。
④色画用紙の上に、自分が作ったカタツムリを置いてみましょう。
⑤「カタツムリさんは、何をしているところかな? どんなようすかな?」と、色画用紙の上を動かして遊びましょう。
⑥イメージが描けたら、クレヨンやパスで、カタツムリさんの周りのようすを絵にかきましょう(木の枝や葉、ほかに虫の仲間もかきましょう)。そのときカタツムリは汚れるので、色画用紙にはらないで、はる位置に鉛筆で印をつけておくようにします。
⑦カタツムリが住んでいるようすが絵にかけたら、最後にカタツムリをのりではって完成です。

紙皿で作るカタツムリ

（3～4歳児）

●**用意するもの**●
紙皿、画用紙、クレヨン、パス、ハサミ、のり

●**作り方**●
紙皿をカタツムリの殻に例えて、サツマイモを長くしたような体をつけて、カタツムリのできあがりです。色はクレヨンやパスで塗りましょう。

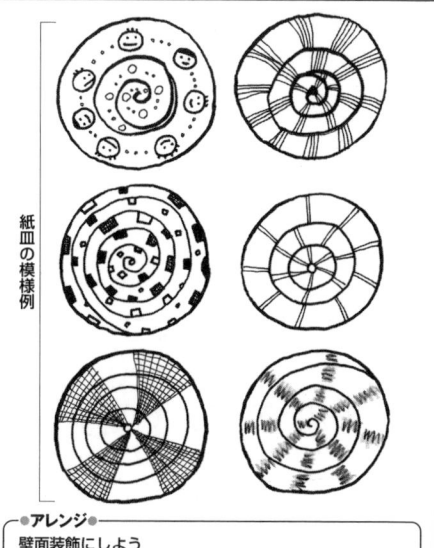

こんなもようだったよ！

でろでろキャンディみたい

ほんとだね！

角もつけよう。

できあがり

紙皿の模様例

●**アレンジ**●
壁面装飾にしよう
　全員のカタツムリができたら、掲示板にどう展示するか工夫しましょう。植物を感じさせる薄い黄緑色の壁面に、子どもが作ったカタツムリと木の葉をちりばめるなど、カタツムリの住んでいる世界を作ってみましょう。

●ポイント● ハサミの使い方（六つのヒント）

①子どもの手の大きさに合わせて選びます。左利き用のハサミもあります。
②古いハサミは、ねじが緩んでいたり切れなくなっていないか、チェックしましょう。
③ハサミを人に渡すときは絵のように持って、持つ所を前にして手渡します。実際に保育者がやって見せましょう。
④ハサミを置くときは、危険なので床に置かないようにしましょう（机か台の上に）。
⑤ハサミで切るときは刃を完全に閉じてしまうのでなく、途中で止めてまた開くようにします。連続切りができるように。
⑥曲線を切るときは紙の方を回して切ります。ハサミを持った手のひじは少し回すだけです。
※丸く切った画用紙を、カタツムリの殻に応用できます。

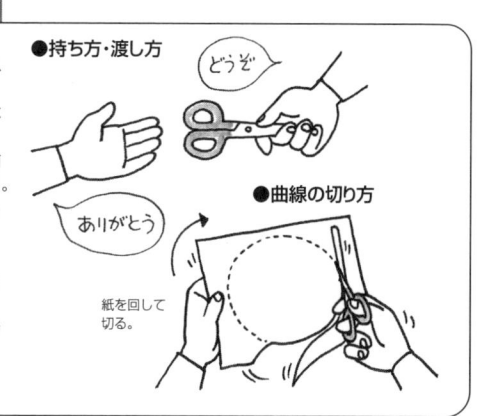

●持ち方・渡し方

どうぞ

ありがとう

●曲線の切り方

紙を回して切る。

絵をかこう
絵地図をかこう

子どもは絵地図をかくのが大好きです。
絵地図は子どもの夢を広げ、地形の空間認識や土地の空間認識力を育てます。

●テーマ●
みんなの街、商店街、百貨店やモール、家から幼稚園・保育所まで、住んでいる街、動物園、公園など。

こんな動物園や公園があったらな　　　　(4・5歳児)

●用意するもの●
色画用紙、クレヨン、パス、フェルトペン、色鉛筆、折り紙、ハサミ、のり

●造形活動●
①道になる紙を作りましょう。茶色や濃紺の色画用紙（グラビアや新聞紙でもよい）を、幅2〜3cmに切り、6〜10本作ります。
②どんな動物園や公園を作るか考えましょう。
③薄い色の色画用紙（四つ切。グループで作るときは全紙かB2）を選びます。
④画面に作品2のように道を置いて、のりではります。
⑤入り口の門や建物、動物の家や遊具を、クレヨンやパスでかき込んだり、折り紙にかいて切り抜いたりします。
⑥人、動物（虫や小鳥も）、草花、木などをかいて、楽しい動物園や公園にします。

●アレンジ●
クラス全員で、壁画の「みんなの動物園」を共同制作すると楽しいですね。

作品1

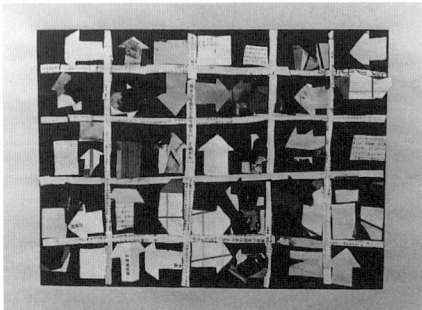

作品2

遠足に行ったこと　　（4・5歳児）

●用意するもの●
画用紙、色画用紙、クレヨン、パス、フェルトペン、のり

●造形活動●
　「遠足に行って楽しかったことを、絵地図にかいて、おとうさんやおかあさんに知らせましょう」という動機づけで、駅から歩いて行ったコースを絵地図にかきます。
　作品3は、画用紙にかいて、いらない部分は破って捨て、色画用紙の台紙にはったものです。
　「遠足」を思い出して絵をかくという課題もありますが、絵地図に表すのも一つの方法です。

作品3「遠足」(5歳児)

みんなの街　　共同制作　　（3〜5歳児）

●用意するもの●
新聞紙、色画用紙（または模造紙）、折り紙、包装紙、クレヨン、パス、フェルトペン、版画用絵の具、版画用ローラー、水彩絵の具、筆、ハサミ、のり

●保育の流れ●
①色画用紙（全紙）または模造紙（全紙）2〜5枚を、展示スペースを考えてはり合わせ、台紙を作ります。
②床に新聞紙を敷いた上に台紙を置き、版画用のローラーを交代で転がして道を作ります。
③道ができました。それではどんな街を作りたいか、みんなで話し合いましょう。「こうえんがあって、みんながあそんでいるの」「くらすのみんなが、ひとりいっけん、おうちをおりがみでつくってはったら、みんなのまちができるよ」
④どんな街にするか構想が決まったら、どんな画材でかくか話し合いましょう。クレヨンやパス、水彩絵の具、折り紙、包装紙や新聞紙、切り絵にするのも一つの方法です。
⑤みんなで力を合わせて制作をします。台紙に直接かいたりのりではる方法と、ひとりひとりが作った家や木を集め、配置を考えて台紙にはる方法があります。

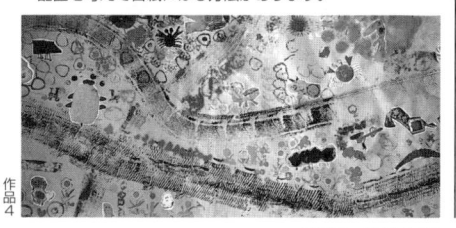

作品4

第1章　絵をかこう

絵をかこう
絵の具で技法あそびをしよう！

絵の具や墨汁などは、絵をかく以外にもいろんなあそびができます。

染め紙で万国旗を作ろう　　　　　　　　　　（5歳児）

●用意するもの
障子紙(ホームセンターなどで売っています)、容器(ボウルなど)、染料、洗濯バサミ、ロープ、のり

●作り方
① 幅30cmほどのロールの障子紙を、適当な大きさに切っておきます（障子紙は、安価でプレーンなものの方が絵の具の吸い込みがよく、適しています）。
② じゃばら折りを基本に、いろんな折り方をしてみましょう（基本の折り方を参照）。
③ 少し大きめの容器に、いろんな色の水彩絵の具をたっぷりの水で溶いておきます。その中に折った障子紙の角や縁を浸けて染めます（絵の具に浸けた後、ギュッと押さえて搾っておくと、中まできれいに染まります）。
④ いろんな色で染めたら、広げて乾かします。張ったロープに洗濯バサミで干していくと、子どもの中から「わーっ！うんどうかいのはたみたい！」の声が上がります。
⑤ 保育者はこの声を取り上げ、お誕生会などの部屋飾りに染め紙を使うことを提案します。実際に運動会で使ってもおもしろいです。細引きロープなどに、乾いた染め紙の端にのりをつけてはっていくと、りっぱな万国旗の完成です。

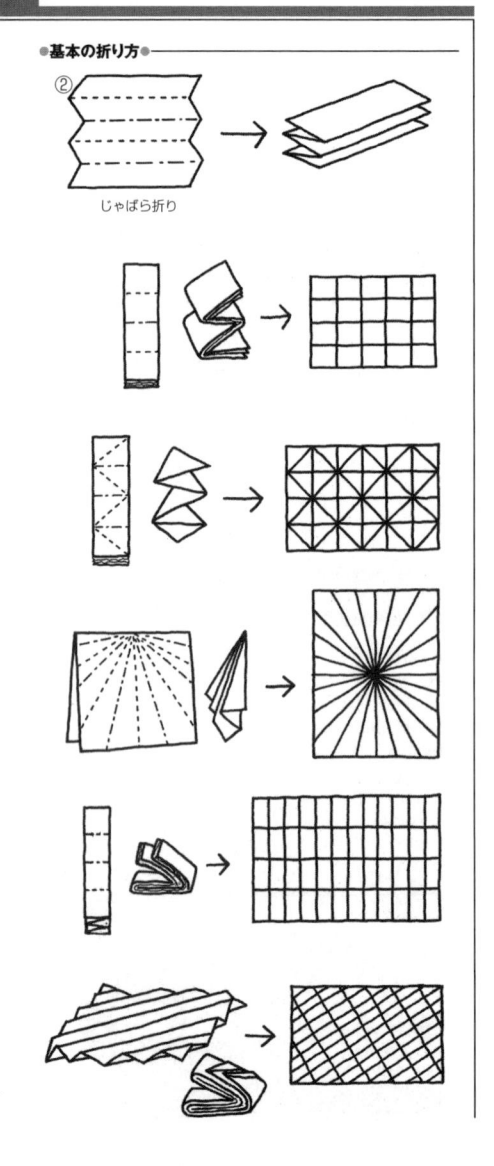

●基本の折り方
じゃばら折り

●絵の具で技法あそびをしよう！●

シャボン玉できれいな水玉模様を作ろう　　　　　　（3～5歳児）

●**用意するもの**●
石けん液、砂糖、容器、ストロー、絵の具、白い紙

●**遊び方**●
①石けん液に少し砂糖を溶かして、シャボン玉の液を作ります。この液に水彩絵の具で好きな色をつけて、何色か用意しておきましょう。
②ストローでシャボン玉を飛ばして遊びましょう。
③ストローにこの液をつけて、白い紙に向かってシャボン玉を飛ばして、その上で弾かせてみましょう。きれいな水玉模様ができるので、いろんな色でやってみましょう。

砂糖　　絵の具　　濃いめの石けん液

洗うと出てくる不思議な絵　　　　　　（4・5歳児）

●**用意するもの**●
ポスターカラー、墨汁、筆やハケ

●**遊び方**●
①画用紙に、少し濃いめに溶いたポスターカラーで好きな絵や模様をかきます。
②よく乾かしたら、上から墨汁を塗って真っ黒にしてしまいます（せっかくかいた絵が消えちゃったよ）。
③墨汁も完全に乾いたら、絵の上から水を少しずつかけながら、柔らかい筆で軽くなでて洗ってみましょう。すると、あーら不思議。真っ黒の画面から、さっきかいた絵が浮かび上がってきます（ポスターカラーを塗らなかった所は黒くなります）。

第1章　絵をかこう

● 絵の具で技法あそびをしよう！

マーブリングをしてみよう

(4・5歳児)

● **用意するもの**
容器（バット）、墨汁またはマーブリング絵の具、布、新聞紙

● **造形活動**
①大きな容器（写真現像用のバットなど）に水を入れます。あまりたくさん入れると、重くて捨てるときに大変なので、底から3cm程度にしておきましょう。
②墨汁を筆の先につけて、この水の上に一滴二滴と落としていきます（スポイドでやってもよいです）。
③水面に薄く墨汁の幕が広がるので、指で軽くかき回して渦巻き模様をつけていきましょう。
④きれいな模様ができたら、そこに紙を浮かべてこの模様を写し取ります（紙を浮かべるときは、真ん中から両端へ、気泡が入らないようにそーっとね）。
⑤新聞紙の上に置いて、布でポンポンと水分を取り、乾かしたらできあがりです。

※紙は画用紙や和紙など、表面のツルツルしたもの以外ならできるので、封筒や便せんにマーブリングをして、オリジナルレターセットを作ったりもできます。

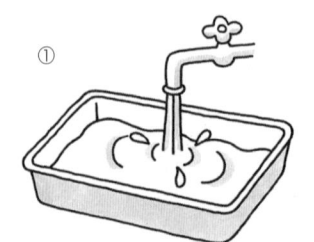

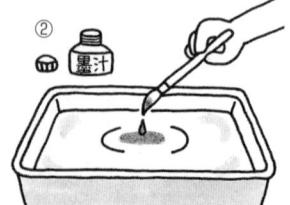

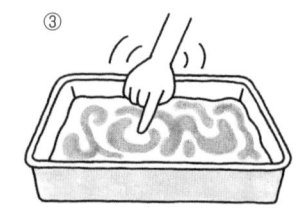

● **アレンジ**
・筆に水をつけて絵や字を紙にかき、水が乾かないうちにマーブリングをしてみましょう。するとあら不思議。水でかいた所には模様が写らず、絵や字が白く現れました。
・紙を入れるとき、立てて入れてみましょう。四辺を順番に入れて、模様がついたら額縁のできあがり。中に好きな絵をかいて飾りましょう。

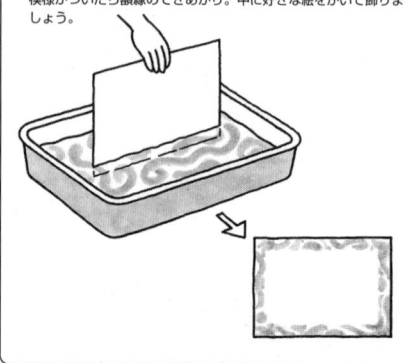

絵をかこう
にじの色から…

子どもたちは、スプーンで粉絵の具をからの容器に入れます。
いくつかの色をいろいろな割合で混ぜて、新しい色を作ります。

（3〜5歳児）

●用意するもの●
材料入れの箱（ティッシュペーパーの箱など）、からのプラスチック容器（フィルムケースなど）、粉絵の具（赤・青・黄）、スプーンまたはアイスキャンデーの棒、筆、画用紙、薬瓶

●遊び方●
① 材料を箱に入れて子どもたちに渡します。箱にはからのプラスチック容器、スプーン、粉絵の具を入れておきます。
② ほぼ同じ量の粉絵の具を2色容器に入れて、ふたをして混ぜ合わせます。乾いた筆で混ぜてもよいです。次にいろいろな割合で混ぜてみましょう。その後、できた色で絵をかく活動に移ります。

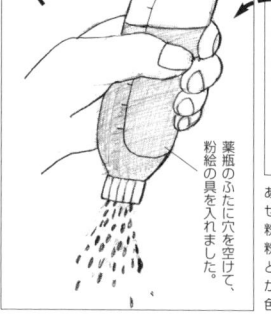

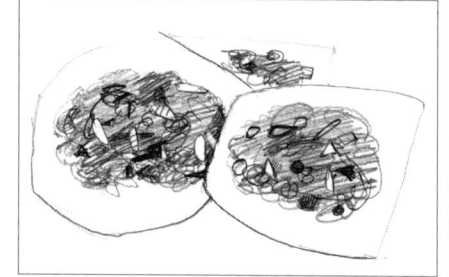

色の広がりを楽しんだ後、乾かないうちにいろんなものを載せました。丸だけでなく、三角や四角のお好み焼きになりました（白い紙で）。

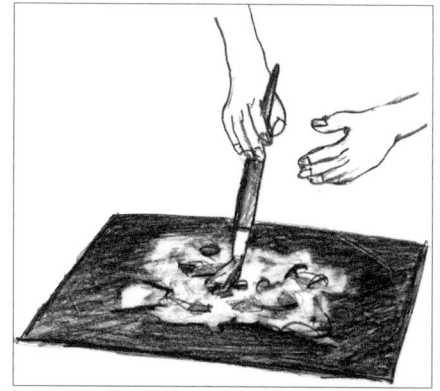

あらかじめ筆で色をにじませてあるぬれた紙の上に、粉絵の具を振りかけます。粉絵の具がにじんで下の色と混ざり合って、きれいな色が広がります。まるでにじの色のようにも感じられます。

薬瓶のふたに穴を空けて、粉絵の具を入れました。

医院などで、水薬を入れてくれる薬瓶

お好み焼きの発展です。鉄板に見たてた黒い紙を水でぬらします（油を引くイメージ）。次に小麦粉の白や卵の黄色、そしてキャベツの緑、お肉の赤、などの粉絵の具を載せて、具材に見たてたいろんなものといっしょに筆でかき混ぜましょう。最後にソースの黒や青ノリの青の粉絵の具を振りかけると、できあがりです。不透明色の重色を経験しましょう。いろいろな色が浮き上がります。

第1章 絵をかこう

絵をかこう

人をかく──導き方とアドバイス

子どもの絵の表現は、年齢によって刻々と変わっていきます。人をかく表現も同じです。子どもの表現の特徴をよく見て、それに合ったアドバイスをしましょう。絵の発達段階については第7章（143〜147ページ）を参照してください。

人をかく発達の順序

① ② ③頭足人 ④ ⑤

- **図①** 形が出始めた「**象徴期**」である**2歳児**の初めのころは、円だけかいて、「これパパ」「これママ」と命名します。
- **図②** 次に、円の中に目鼻をかき始めます。目、鼻、口をかいた円は顔ではなく、体全体を象徴的に表現します。
- **図③** **3・4歳児**になると、頭部から足が2本出てきます（**頭足人**と言われています）。頭部から手も出てきますが、頭部の上が顔で下が胴で、その胴から手足が出ていると考えた方がよいでしょう。また円の上部に顔をかき、顔と胴をはっきり分離している子どももいます。
- **図④** 顔、胴、手足と分離してかきます。両手を広げた十字架や、頭部と線だけでかく「棒人間」（教育用語ではありません）で、動きが少なく、人がそこにいるという存在だけを示しています。顔に対する興味が強いので、頭部が異常に大きい頭でっかちな人になります（**作品1**）。
- **図⑤** **4歳児後半から5歳児**の「**図式期**」になると、女の子は目元パッチリの人形のような人をかき、男の子は人をかくのをいやがったり、簡単な記号のような人をかくことが多くなります。自由絵では、女の子は女の人、男の子は男の人しかかかない傾向があります。また、手が異様に長くなったり、関節のないグニャグニャの人になったりしますが、子どもの気持ちが出ていればそれでよいでしょう。むしろ「感じがよく出ているよ」と、褒めるようにしましょう。

聞き方、アドバイスの仕方　　　　　　　　　　　　（1〜4歳児）

- 1・2歳児の、**なぐりがきの時期**の子どもには、自由にかける環境を整えましょう。かいた絵を持ってきたら、「かけたね、すごい」と褒めたり、そのときに子どもが話したことを聞いてあげたり、日付、年齢、内容などを絵の裏に書いておきましょう。メモしてくれたことが、子どもには励みになります。「何をかいてあるのか、さっぱりわからない」などとは、絶対に言わないようにしましょう。
- 2〜4歳児が絵をかいて持ってきたときは、「何をかいたのか、お話を聞かせて」と話しかけましょう。「〜したの」と子どもが言った言葉をオウム返しに言ったり、相づちを打ったり、感心しながら聞きます。何をかいたのか意味がわからないときは、「これ何？」と教えてもらう気持ちで聞くようにしましょう。褒めることを忘れずに。
- 円だけの人や頭足人の絵であっても、決して「これが人？」と軽べつするような言葉はだめです。「○ちゃん、帽子かぶってたよね」「かばんは？」などと状況を思い出させるようにすると、「そうだ　そうだ」と中身が深まります。「○○をかきなさい！」と強制してはいけません。
- 女の子が自由に絵をかくときに、お人形のような人をかいています。子どもにとって「癒し」のような面があるので、そのまま自由にかかせるようにしましょう。
- 絵や人物がパターン化してきたら、走っているかっこうをしてみたり、どんな服を着ていたかとか、体や髪の特徴に気づくようにしむけましょう。

作品1（4歳児）

人の表現の導き方　　（4・5歳児）

- 4・5歳児が運動会やお祭りの絵をかいたとき、人形のような人、両手を広げた人、頭と線の手足の棒人間など、パターン化した記号のような人をかいて、絵が概念的になってしまうことがよくあります。ひとりひとりの特徴や動作の違いに気がついて、絵に表現できるようにしていきたいものです。

- 2〜4歳児では、そのときの状況を思い出させるようにして、後は自由にかくようにしましょう。5歳児では、運動会など、多くの人をかく絵に取りかかる前日に、次のような基礎教材を入れて、動きのある人がかけるような手だてをしておくのも一つの方法です。
① 折り紙で頭部、胴、手、足（手足は関節が曲がるように）を作り、その折り紙を組み合わせて、走っているところや各自自由に何かをしているところを表現します。実際にその動作をしてみながら組んでみて、画用紙にはりつけます（**作品2**）。
② 水彩絵の具でかく場合は、走っているかっこうをしたり、縄跳びをして遊んでから、グループごとに肌色を作ります。筆で画用紙の中央に、まず胴（走っている場合は少し曲がった姿勢）、その上に頭部（頭部と胴をつないで首に）、走っている感じの足（ひざ、かかとなどに気づく）、手の動きをかきます。肌色の絵の具が乾いたら、「裸ではかわいそうなので」と言って、クレヨンやパスで、帽子、目、鼻、口、シャツ、パンツ、靴、手の指などをかき込みます（**作品3**）。こうして①②でできた全員の作品を展示しておくと、次の日に絵をかくときの参考になります。また、①②を経験することで、次から自信をもって絵がかけます。

- 運動会のようすを思い出す段階で、自分はこうやって玉入れをしたと、その動作をしてみます。なかなか人がかけない子どもでも、動作をしてみて、②のように胴からかき始めてみるとかきやすいかもしれません。

- かきたい内容（主題）が決まり、「○○している自分からかきましょう」と言うと、絵記号のような無人称の人ではなく、個別の人（自分）を意識してかきます。また、「大玉転がしは、だれとだれが転がしたのかな？」とか、「○ちゃんは背が高いよ」「△ちゃんは太っているから、大きくかこうよ」などとことばがけをして、単なる動作をしている人（無人称）ではなく、個々の友達を意識してかくようにしましょう。

- 子どもが自分の感情を込めてかくと、手足がクネクネと長くなったり、物を抱える手に関節がなかったりします。「手はもっと短いでしょう」と修正させるのではなく、「感じがよく出ているよ」と認めていくようにしましょう。

作品2「縄跳び」(5歳児)

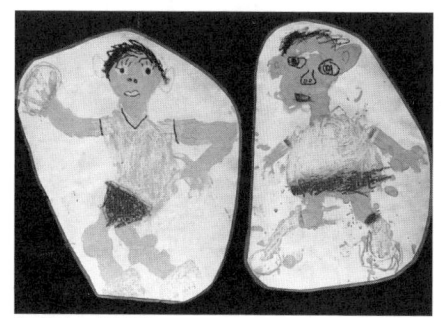

作品3「ジャンプ」(5歳児)

作品4「花屋さん」(5歳児)

第1章　絵をかこう

絵をかこう
育てたものを絵にかこう

園庭で育てたトマト、ハツカダイコン、ヒヤシンス、コスモス、ヒマワリや、近くの農家で育ったダイコン、イチゴなど、身近にある植物に触れてみたり、観察して絵にかきましょう。紙の大きさや形を考えて、子どもの目を引きつける手だてを考えてかくようにしましょう。

イチゴ

かいたら食べよう　　　　　　（3～5歳児）

●用意するもの
イチゴ、画用紙（B6）、パス、鉛筆、水彩絵の具、筆

●造形活動
①できれば、イチゴ畑で子どもたちがひとり一粒ずつイチゴを摘んでくる機会をつくりましょう。
②みんなで話し合いながらイチゴを観察して、いろいろなことを発見し合いましょう。
③B6の画用紙いっぱいに、自分のイチゴを鉛筆（またはパス）でかきましょう。
④水彩絵の具でイチゴの色をグループごとに皿に作り、水で薄めたりしながら、筆で色を塗りましょう。
⑤完成したら、おかたづけして、さあ食べてもいいよ。

●ポイント
大きな紙は使いません。

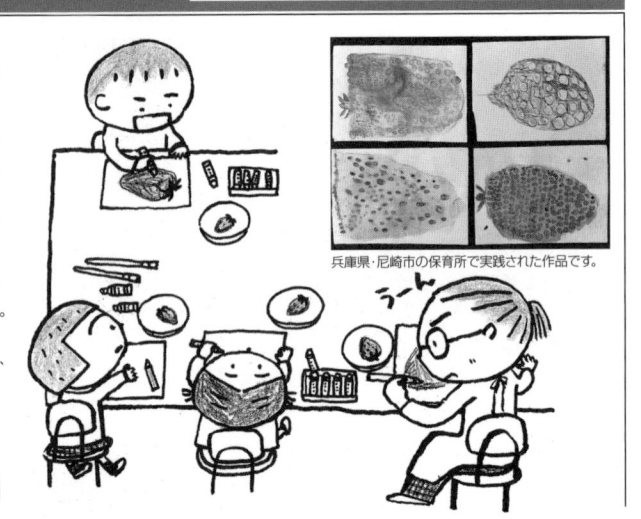

兵庫県・尼崎市の保育所で実践された作品です。

ヒマワリ

実物大にかこう　　　　　　（3～5歳児）

●用意するもの
ヒマワリが実物大にかける正方形の色画用紙（空色など2～3色）、クレヨンかパス

●造形活動
①園庭に咲いたヒマワリの花を、みんなで観察しに行きましょう。
②ヒマワリの花がどれくらいの大きさか、両手で円を作って、大きさを実感してみましょう。
③クレヨンやパスで、見てきたヒマワリと同じ大きさのヒマワリをかきましょう。円をかいて、周りに花びらをかきます。円の中に種をかきましょう。
④できれば、絵を持ってもう一度ヒマワリを見に行き、新たに発見したことをかき加えましょう。ハチや虫を見つけたらそれもかきましょう。

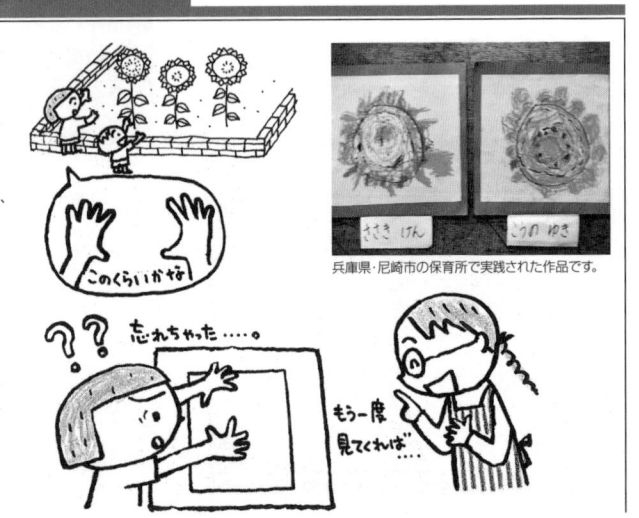

兵庫県・尼崎市の保育所で実践された作品です。

●育てたものを絵にかこう●

大きなダイコン　　　　　　　　　　　（3〜5歳児）

●用意するもの●
縦半分に切った四つ切色画用紙（数色用意して子どもが選べるように）、パスまたは水彩絵の具

●造形活動●
①できれば農家にお願いして、ダイコンをひとり1本（またはグループに1本）抜かせてもらいましょう。
②触ってみたり観察したりして、最初は細長いダイコンそのものを、白いパスでかきます。
③根のひげや穴を見逃さないように。
④大きな葉をかきましょう。葉の形はどうなっているでしょう。

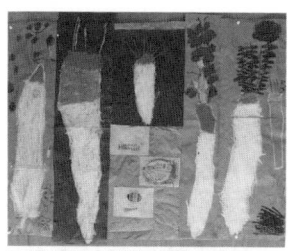

兵庫県・尼崎市の保育所で実践された作品です。

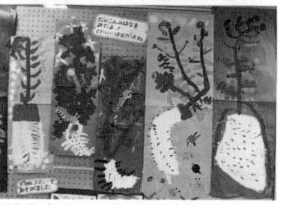

兵庫県・高砂市の幼稚園で実践された作品です。

ヒヤシンス　　　　　　　　　　　　　（3〜5歳児）

　ヒヤシンスを水栽培で、球根から育てましょう。白い根が出て、花が咲いたら、記念に絵にかいておきましょう。

●用意するもの●
水栽培のヒヤシンス、八つ切色画用紙、パス、水彩絵の具

●造形活動●
・八つ切の色画用紙を写真のように1/3くらいの所で折り目をつけます。
・みんなでいっしょに観察して、次の順番でかきましょう。
①1/3の折り目の所に球根をかきましょう。「どんな色かな。みんなかけたかな」
②その上に茎をかきましょう。「太いよ〜」
③葉をかきましょう。「何枚あるかな」
④花をかきましょう。「花のつくりをよく見よう」
⑤ガラス瓶をかきましょう。
⑥根をかいて、完成です。

兵庫県・尼崎市の保育所で実践された作品です。

第1章　絵をかこう　33

絵をかこう
ティーシャツデザイン

紙で作ったティーシャツの形に、模様をつけます。
ティーシャツの大きさは、子どもが着ることを考えて作りましょう。

(2～5歳児)

●用意するもの●
ティーシャツの形をかいた紙、絵の具、フェルトペン、クレヨン、鉛筆、筆、ハサミ、安全ピン、新聞紙

●遊び方●
①子どもが着ているさまざまなティーシャツのデザインを、鑑賞し合います。そのデザインが、文字や絵の組み合わせでできていることを気づかせます。
②子どもたちに、ティーシャツの形をかいた紙、クレヨン、鉛筆、フェルトペン、絵の具、筆を配ります。
③ティーシャツの形いっぱいに大きくかくように、または飾りをいっぱい入れるように励まします。
④かき終わって絵の具が乾いたら、台紙から切り抜き、自分たちのシャツに安全ピンで留めます。
⑤みんながモデルとなり、ファッションショーをすると楽しいです。

●アレンジ●
家から古いティーシャツ（白または淡い色）を持ってきて、その上にデザインしましょう。アクリル絵の具を使用します（アクリル絵の具1：水3）。アクリル絵の具は、乾くと水に溶けません。シャツの中に新聞紙を入れておきます。シャツの形いっぱいにかくように促しましょう。かいたら新聞紙を抜き、乾かします。保護者会のときなどに着て、ファッションショーをしましょう。

第2章 ＊＊＊＊＊＊＊＊平面造形をしよう

平面造形のいろいろな技法

　平面造形にはいろいろな表現方法があります。いろんな表現技法を生かしたり組み合わせていくと、不思議な美しいものができて、表現の幅が広がります。この本にもいくつか紹介していますが、子どもが楽しめる技法をいくつかあげてみます。

- **フィンガーペインティング(指絵)**：指や手のひらに絵の具をつけてかく絵です。
- **スタンプあそび(型押し)**：野菜や木の葉に絵の具をつけて、紙に押して遊びます。
- **デカルコマニー(合わせ絵)**：紙を半分に折り、片面に絵の具をつけて紙を合わせて広げると、左右対象の形ができます。
- **はじき絵(バチック)**：クレヨンやろうなど、排水性のあるもので形をかいて、上から水彩絵の具を塗ると、そこが絵の具をはじいて形が残ります。
- **はり絵**：折り紙や雑誌のグラビアなどを小さく切って、はり絵をします。
- **マーブリング(墨流し)**：水面に墨や絵の具(マーブリング用絵の具も市販されています)を浮かべて、それを紙に写すと大理石(マーブル)のようなきれいな模様ができます。
- **ステンシル(霧吹き)**：切り抜いた型紙を紙の上に置いて、歯ブラシに少量の絵の具をつけて、指ではじいたり金網の上でこすると、絵の具が飛び散ってきれいな形が残ります。
- **にじみ絵**：水をたっぷりつけた筆で画用紙をぬらし、その上から色を置くと、にじんでファンタジックな画面ができます。
- **流す、垂らす、振りかける絵**：紙を傾けて絵の具を流したり、絵の具をつけた筆で振りかけます。
- **コラージュ**：紙やグラビアを切ったりはったりして表現します。
- **フロッタージュ**：木の葉や板の上に薄い紙を載せて、上からパスなどでこすって表現します。

平面造形をしよう
絵肌を作る

さまざまな基礎技法を用いて、表情豊かな表面を作ります。

(4・5歳児)

●用意するもの
絵の具（赤・黄・青・黒）、パス、筆、バット、粘土べら、金網、歯ブラシ、画用紙・和紙など

●遊び方
①まず、紙を水につけてぬらしておきます。乾きかげんで絵の具のにじみぐあいが違います。ぬらす前にしわくちゃにしたり、白などのパスで模様をつけておいてもよいです。
②2色の絵の具をいろいろな割合で組み合わせ、水との割合を十分に変えて（混色した絵の具と水は、1:1、1:10、1:100など）、紙の上に垂らし込みます。
③乾きかげんを見ながら、粘土べらで引っかいてもよいでしょう。さらに金網と歯ブラシで絵の具を散らしたり（ブラッシング）、筆を振って落としてもよいです。
④さらにしわくちゃにしてもよいです。これを繰り返します。

① 水でぬらす / 白いクレヨンでかく。

② 色作り / いろいろな割合で2色を混ぜる。 / 筆でふわふわ混ぜる。

③ 粘土べらでひっかく。 / 金網とブラシを使って絵の具を散らす。シャカシャカ / ※これらを繰り返します。

④ しわくちゃにする。 グシャグシャ

●アレンジ
さらに水にぬらしたり、はがしたり、ブラッシングしたりを繰り返します。マーブリングなどを試みてもよいです。

●ポイント
色合い、肌合い、組み合わせの三つの要素（カラー、テクスチャー、コンポジション）をたくさん作ることがポイントです。きれいさにこだわることはありません。たくさんの表情を作ることがポイントです。
そのためには、おもしろい絵肌ができたら途中で手を止めることが大切です。垂らし込んだり、にじんだりした絵肌がそのまま乾くことで、たくさんの表情が出てきます。

平面造形をしよう
絵肌作りからコラージュへ

切ったりはったり、いろいろな絵肌を組み合わせてコラージュします。

（4・5歳児）

●用意するもの●
絵肌作りで作った作品、のり、ハサミ、台紙（A4程度）

●遊び方●
①絵肌作りの作品をハサミで切ったり、手でちぎったりします。大きく小さく、細く太く、長く短くなど変化をつけます。
②それぞれの断片を、重ねてずらして、集めて散らして、並べてつなげてというように、変化を工夫して配置します。
③気に入った組み合わせになったら、のりづけしましょう。

① 「絵肌作り」で作った作品
手でちぎる。
ビリビリ
いろいろな形に切ってね
ハサミで切る。
②③
どうかな…
ペタペタ

ハサミでカニや魚などを切りました。下地にはブラッシングやたらし、にじみも使っています。

手でちぎって、つなげて、並べて重ねます。これをわたしは"造形活動の三拍子"と名づけています。ちなみに"版画の三拍子"は、「ポットン、パッタン、ペッタン」です。造形活動とは、「作って、使って、伝え合う」ことです（阿部寿文）。

●アレンジ●
エリック・カールの絵本などを参考にし、動物や植物を作ってみましょう。絵肌作りまで戻って、気に入った絵肌を作るところから始めてもかまいません。

●ポイント●
2・3歳児
2・3歳児でもちぎることはできます。組み合わせを考えて見てた後、のりづけは保育者が手伝ってあげましょう。

第2章　平面造形をしよう

平面造形をしよう
スプレーペイント

切り取ったいろんな形を並べ替えながら、スプレーを吹きつけて、偶然の色や形を楽しみます。

(5歳児)

●用意するもの
赤・黄・青3色のスプレー絵の具(またはスプレーコンテナ三つ=赤・黄・青の絵の具1:水5)、インク(またはポスターカラー)、いろいろな形(丸や三角、四角、その他)の物、画用紙を切り取った型と切り抜かれた型、ピン、画用紙、新聞紙、ハサミ、フェルトペン、クレヨン

●保育の流れ
①床かテーブルの上に新聞紙を敷き、その上に四つ切の画用紙を置きます。
②切り取った形をピンで留め、その上から軽く絵の具やインクをスプレーします。次にそれを動かし、別の場所にピンで留め、再びスプレーします。
③並べる形を変えてみたり、スプレーの色を変えて試みます。初めは保育者がやって見せますが、安全と思えたら子どもにも促します。必要なときだけ手助けしましょう。できるだけインクが重なり合ったり混じり合うようにして、おもしろい形や色ができるようにします。

●アレンジ●
フェルトペンやクレヨンで、よりおもしろく、細かくかけるよう励まします。切り取った形のほかに、葉っぱやいろいろなものを使ってもよいです。

●ポイント●
スプレーによるマスキングを楽しむ教材です。色がしぜんに重なり合って新しい色ができたり、偶然におもしろい形が見えたりします。子どもたちが見たて活動をするのを認めて、見守ってあげましょう。

●ポイント● 紙の切り方・折り方、のりの塗り方

- カッターナイフの刃先は5mm程度だけ出して、カッティングマットや新聞紙の上で使用します。安全のため、各自個人持ちにしないで、保育者の手もとにだけ置き、必ず保育者の目前で使用するように指導しましょう(状況によっては、カッターナイフは保育者だけが使うようにしてもよいでしょう)。
- ホッチキスも慣れるまでは(特にボール紙のような厚紙に使う場合は)、保育者の目の前でのみ使用するよう指導しましょう。
- 紙に折り目をつける場合は定規を当てて、ボール紙はへらなどで、段ボール紙にはカッターナイフで切り落としてしまわない程度に筋を入れると、折り山が明確になり、きれいに折れます。
- 折り紙をのりづけする場合、のりは指先に少しだけ取って塗るほうが、はりつけやすいです。多くつけるとヌルヌルとして乾きにくく、くっつきにくいことを理解させましょう。

平面造形をしよう
見たて(意味づけ)あそび

"見たてたもの"を作るための、いろいろな形や色の紙を与えましょう。

(4・5歳児)

●用意するもの
いろいろな色のついたさまざまな包装紙・壁紙・クリスマス用の紙（大きな四角、小さな四角、正方形、長方形、三角形、円などの形に切っておく）、のり、フェルトペン、画用紙

●保育の流れ
① 子どもたちに、包装紙を10通りくらいに切ったものを与えます。それらの形を動かして、何か知っているものを作るように促します。例えば最初に"木"を作ってごらんと言います。
② ほかの形を組み合わせて、ほかの形の木を作ってみるように言います。木の形から始まり、またはほかの知っている形を作りながら、イメージを広げることを励まします。
③ ほかのもの（例えば、車、ウマ、鳥、イヌなど）も提案しましょう。子どもたちは作ったものに名前をつけるでしょう。

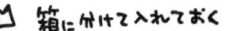

●アレンジ
もっと多くの形の紙や、もっと大きな紙で、色もいろいろな色を使うことを試みましょう。一つの意味づけした形ができたら、模造紙にのりではり、もしできるならその絵にお話をつけてもよいです。フェルトペンで細部をかき加えてもよいでしょう。

第2章 平面造形をしよう

平面造形をしよう
こすり出し（フロッタージュ）

子どもたちはいろいろなものを組み合わせ、こすり出し（フロッタージュ）で絵や模様を作ります。

（3～5歳児）

●用意するもの
画用紙（または薄い紙）、鉛筆とクレヨン、いろいろなもの（葉、折り紙作品、サンドペーパー、木の皮、いろいろな材質の織物、壁紙、アルミホイル、コルク、カーペット、網、コイン、木の板など）

●遊び方
① いろいろなものを紙の下に敷き、鉛筆やクレヨンでこすり出しをする方法をやって見せます。また、こすり出しで作った絵を子どもたちに見せ、その仕方を演示します。
② 子どもたちは、少なくとも五つ以上のものでこすり出しを試すようにしましょう。いろいろな可能性があることを示し、励ましましょう。

〈いろいろなものでやってみよう！〉
- ゴツゴツした石
- 葉っぱ
- コイン
- ふた
- ハサミ
- 網
- 携帯電話
- 木の皮

●アレンジ
こすり出しの壁画を作ることに導入します。子どもたちそれぞれが、最初のこすり出しでどんなものを使っているか気づかせます（プラスチックのカバー、ふた、くし、ブラシ、おもちゃの部品、指輪や石、コイン、ギザギザをつけるローラーなど）。クイズをしてもよいですね。違ったものでこすり出しをするのを促しましょう。大きな模造紙に共同でこすり出しをし、後で壁に飾りましょう。

平面造形をしよう
デカルコマニーから…

デカルコマニーをきっかけに、フェルトペンやクレヨンで絵を作ります。

（3～5歳児）

●用意するもの●
八つ切画用紙（ひとり1枚）、フェルトペン、クレヨン、水彩絵の具、筆

●遊び方●
① 1枚の紙を半分に折り、広げて片方の面2・3か所にねちねちの（水分の少ない）水彩絵の具を筆で塗り（あまり複雑にならないように、ちょっとした染み程度に少なめに絵の具を置く）、紙を閉じて、再び広げてデカルコマニーを作ります（保育者があらかじめ作っておいてもよいです）。
② 子どもたちに、できたデカルコマニーとフェルトペン、クレヨンを与え、この染みから絵を作るように誘います。
③ 子どもたちが、さまざまな色や重い線、軽い線などがあることに気づくようにします。
④ 染みから何に見えるかを考えて、フェルトペンやクレヨンでかき加えて作ってみましょう。動物、人間、不思議なものなど、いろいろなものができることでしょう。

●アレンジ●
ロールの模造紙を広げ、表面にいろいろな染みをつけます。染みの形を選んで、壁画を作るよう子どもたちに導入します。フェルトペンやクレヨンでかき加えましょう。後で壁画にして保育室に飾ります。

第2章　平面造形をしよう

平面造形をしよう
初めてのハサミ

直線を切る

ハサミでチョキチョキ　　（2～4歳児）

●用意するもの
道具箱にのりとハサミ、A4色画用紙、八つ切画用紙、保育者の手もとにホッチキスと発泡スチロール板

●遊び方
① ハサミとのりが入った道具箱、色画用紙を持って席につきます。色画用紙を1/2に折り曲げます。「角を合わせたら机の上でアイロン、アイロン」と言葉をかけ、折り目を作ります。
② そーっと広げて折り目を確かめ、ハサミを道具箱から取り出します。
③ ハサミの丸みの部分に指を入れ、チョキチョキと言葉をかけ、から切りをしてみて、子どもたちのハサミの持ち方、使い方を確認しましょう（23ページ下の『ハサミの使い方』を参照）。
④ 正しい動作を確認した後、色画用紙の折り目に沿って切り始めます。「線の所をゆっくりゆっくり切りましょう。慌てないでね、ゆっくりゆっくり」と言葉をかけ、とまどいを見せる子どもには、切り方や姿勢を助言してください。2枚に切り分けられた用紙それぞれをさらに1/2に折り、広げて切る、を繰り返します。子どもそれぞれにより、でこぼこのもの、太いもの、細いものなどいろいろなテープができますが、直線切りに慣れることが目的ですから、しばらくは自由に切らせてください。
⑤ 切り上がった色テープは、中央テーブルに集めます。あらためて、いろいろな色テープの中から自由に（10本程度）取って席につきます。
⑥ 1本のテープを八つ切画用紙の中ほどに置き、1か所だけを保育者がホッチキスで留めます。ホッチキスを広げて発泡スチロール板の上で留め、裏側の針を折り曲げてください。
⑦ 子どもたちは、この固定されたテープに引っ掛けるようにして、ほかのテープを思い思いに並べます。並べ終えたら、所々をのりづけしましょう。
⑧ 画面からはみ出したテープは、最後に切り落とします。

直線切りを組む（3歳児）

曲線を切る

ハサミでチョキチョキ、カタツムリを作る(3～5歳児)

●用意するもの●
道具箱にハサミ、はがき大の色画用紙（カタツムリをイメージする色）、A4程度の画用紙(白または青)、鉛筆

●遊び方●
①保育者による「カタツムリ」のお話でイメージを引き出し、白または青のA4画用紙に、鉛筆で渦巻きをかきます。
②道具箱のハサミを取り出し、線に沿って切り始めます。「ゆっくり、ゆっくり、慌てんぼうさんにならないように、線の所を外れたら、また元の線に戻りましょう。ハサミが少し回ります。紙を持つ手も回ります」焦らせないよう、ことばがけをしながら、紙を持つ手の位置を変えることを助言します。
③途中でちぎれてしまった場合は、速やかにセロハンテープではりつけ、活動が続行できるよう援助しましょう。
④切り終えた渦巻きは数本をつないで長くし、天井近くから数本をカーテンのようにつるすと、白と青の色から水のイメージになります。
⑤はがき大の画用紙（カタツムリをイメージする色）に渦巻きをかきます。
⑥ハサミで渦巻きを切り取り、中央部分を少し引き出して立体的にし、残りの用紙からカタツムリの体部分や角などを切り取り、はりつけます。
⑦できあがったカタツムリを、④で作ったカーテンに、保育者がホッチキスで留めます。

●アレンジ●
春には草花、夏にはカタツムリや魚、秋には枯れ葉、冬には雪景色などに応用できます。
カーテン部分の色選びにも、工夫が必要です(108ページの「つるす飾り」で応用編を記載しました。参考にしてください)。

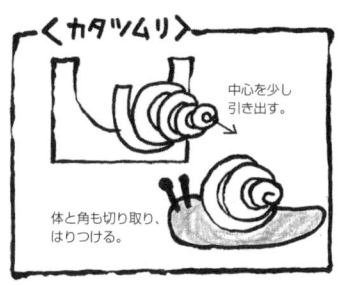

第2章　平面造形をしよう

平面造形をしよう
紙を破ったり切ったり

家の中には、いろいろな種類の紙がいっぱいあります。
紙の性質を生かして遊びましょう。

長ーく破って競争しよう (4・5歳児)

身の回りにある紙、新聞紙、チラシ、ティッシュペーパーなど機械生産の紙には、みんな「目」(繊維が並ぶ方向)があります。例えば、新聞紙は「目」が横に並んでいます。チラシやティッシュペーパーは、「目」が縦のものが多いです。

目の方向に沿って破ると破りやすく、途中でちぎれたりせず、長く破ることができます。
いろいろな方向から破ってみて、目の方向を見つけ、長く長く破ってみましょう。

●用意するもの
新聞紙、広告チラシ(カラーよりも、1色・2色刷りのもの)など、あまり分厚くなく、手でちぎれるくらいのいろいろな紙、のり、セロハンテープ

●遊び方
①長くちぎった紙で、紙ひもずもうをしてみましょう。目の方向にちぎった紙と、目に逆らってちぎった紙、どっちが勝つでしょう?!
②新聞紙1枚を、どれだけ長く破れるでしょう?!
③長く破った紙を、長く長くつないでみましょう。どこまで伸びるでしょう?

新聞紙:繊維の目が横に並ぶ。

広告チラシ:繊維の目が縦に並ぶものが多い。

②新聞紙を目の方向に沿って、ジグザグに細く破っていきます。

①紙ひもずもう
1枚同士や2枚重ね対1枚で試してみましょう(目の方向に沿ってちぎった紙ひもは、目に逆らってちぎった紙ひもの2倍の強さがあります)。

③ちぎった紙を水道の蛇口にはりつけ、流れ出てくる水に見たてて紙をつないでいきましょう。どこまで流れていくかな?

セロハンテープでつないでいきます。

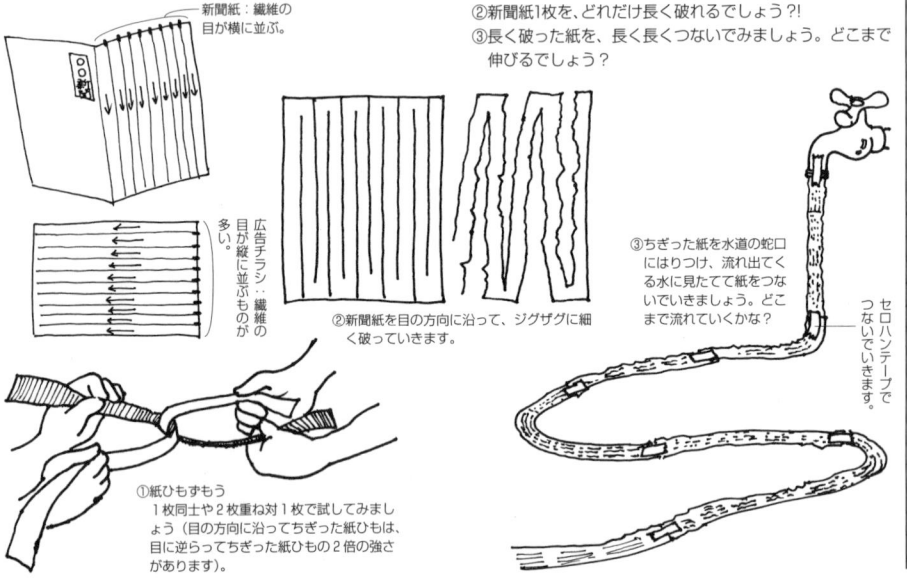

いろいろな形に破ろう (3〜5歳児)

チラシや新聞紙をいろいろな形に破って、形見つけをして遊びましょう。

●用意するもの
画用紙、新聞紙、広告チラシ、枯れ木や小枝、ドングリ、アズキ、ヒマワリの種、色鉛筆、フェルトペン、のり、木工用接着剤

●遊び方
①好きな形を見つけて、画用紙にはりましょう。
②はりつけた形からイメージを広げ、枯れ木や小枝、ドングリ、アズキ、ヒマワリの種など、自然物を組み合わせてはってみましょう。
③色鉛筆やフェルトペンで、絵をかき足してみましょう。

新聞紙のハスの花を咲かせよう

(4・5歳児)

新聞紙がゆっくり水を吸い込む性質を利用して、水面に花を咲かせて遊びましょう。チラシの紙でもできます（チラシのほうが、新聞紙よりも少しゆっくり咲きます）。

●用意するもの
新聞紙、広告チラシ、ハサミ、たらい（または洗面器）

●遊び方
① 一辺約10cmの正方形に切った新聞紙を、5・6枚用意します。
② 正方形を図のようにそれぞれ折って切り、ハスのつぼみを作ります。
③ たらいや洗面器に水を張り、つぼみを浮かべてみましょう。あらあら不思議！ ハスの花が次々に咲きますよ。

●作り方(4枚花びら)

① 縦半分に折ります。
② 四つに折ります。
③ さらに四つに折って折り目をつけます。
④ ハサミで太線の形に切ります。
⑤ 開くとこんな形です。
⑥ 花びらの部分を順番に折り畳んで、つぼみのできあがり。

●作り方(6枚花びら)

① 三角に折ります。
② 半分に折って折り目をつけます。さらに1/4の所に印をつけ、そこに合わせて右側を折り上げます。
③ 反対側も折り上げます。
④ 半分に折ります。
⑤ ハサミで太線の形に切ります。
⑥ 開くとこんな形です。
⑦ 花びらの部分を順番に折り畳んでいきます。
⑧ できあがり。

第2章　平面造形をしよう

平面造形をしよう
食べるものを作ろう

子どもたちは食べるものを作ることが大好きです。
お好み焼き、焼きそば、お子さまランチ、ケーキなど、いろいろ作って楽しみましょう。

焼きそば　　　　　　　　　　　　　　　　　　（1〜3歳児）

焼きそばのお話をして、紙皿（または円形の色画用紙）に焼きそばをかきましょう。

●用意するもの
紙皿（または円形の色画用紙）、クレヨン、パス、フェルトペン

●遊び方
①クレヨン、パス、フェルトペンなどで、紙皿に直接なぐりがきをしましょう。
②別の色で塗り重ねをしましょう。
③肉やキャベツなどの具は、色紙を破ってはってもよいです。

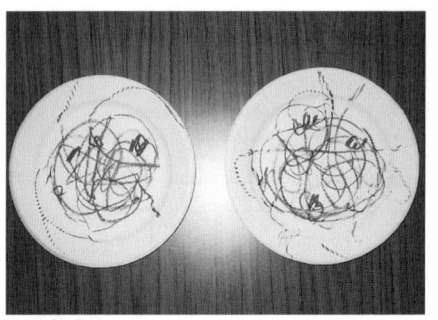

焼きそば（2歳児）

ホットケーキ　　　　　　　　　　　　　　　（2〜4歳児）

●用意するもの
色画用紙（2〜3色）、黒画用紙、折り紙、水彩絵の具、太筆、ハサミ、のり

●保育の流れ
①「ホットケーキを食べたことあるかな？」と、導入のことばがけをします。
②保育者は、黒画用紙（B5）で直径17cmくらいの円に把手をはったフライパンと、黄色や肌色系の色画用紙（B6・2〜3色）で直径13cmくらいの円を作り、準備しておきます。
③円のホットケーキの上に、ハチミツ（薄い茶色の水彩絵の具）を太い筆で塗りましょう。
④ホットケーキの上に、折り紙を小さく切ったバターをはりましょう。
⑤フライパンにホットケーキをはって、できあがりです。

●アレンジ
同じようにして、ソースやトッピングする具を変えれば、お好み焼きもできます。

ホットケーキ（3歳児）

●食べるものを作ろう●

お子さまランチ

折り紙を使って　　　（4・5歳児）

目玉焼き（円）、ソーセージ（細長い楕円形）、キャベツの千切りなど、紙をいろいろな形に切ったりはったりすることで、ハサミで紙を切る学習になります。

●用意するもの●
八つ切色画用紙、折り紙、ティッシュペーパー、毛糸、綿、包装紙、ハサミ、のり、木工用接着剤

●保育の流れ●
①八つ切色画用紙を楕円形に切り、料理を盛りつけるお皿を作ります（クマ、ネコ、タヌキなどの動物の顔やバスなど、好きな形にしてもよいです）。低年齢児には、保育者が作っておくようにします。
②「お子さまランチには、どんな食べ物が並んでいるかな？」と問いかけます。
③「めだまやき、そーせーじ、きゃべつ…」などと答えが返ってきます。
④「みんないっしょに、折り紙で目玉焼きを作ろう。初めに黄色の折り紙を丸く切って、黄身を作ります。白身は黄身より大きく、白い紙で作りましょう」
⑤後は自由に、ソーセージやハンバークなどを作っていきましょう。
⑥材料は折り紙のほか、ティッシュペーパー、毛糸、綿、包装紙など、自由に使いましょう。

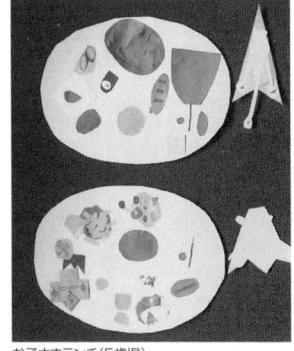

お子さまランチ（5歳児）

学生作品

●アレンジ●
発泡スチロールなどで、立体的に作ってもよいでしょう。

お誕生日ケーキを食べたの

ケーキを食べる絵に発展する（4・5歳児）

●用意するもの●
四つ切画用紙、折り紙または色画用紙、パスまたはクレヨン、ハサミ、のり

●造形活動●
①黄色系（薄い色）の折り紙または色画用紙を丸く切って、スポンジケーキを作りましょう。横から見たケーキなら、長方形に切ります。
②ろうそく、イチゴ、チョコレートなどを折り紙で作り、上にはりましょう。
③ケーキができたら、四つ切画用紙の中央にケーキを置いて、みんなでお誕生日にケーキを食べているところをかきましょう。
④テーブルの中央にケーキを置いて、ジュースのコップや花瓶など、テーブルの上のものをクレヨンやパスでかきましょう。
⑤立ったり座ったりして食べている自分と、お友達をかきましょう。
⑥保育室の周りのようすをかくと、楽しいお誕生会です。

折り紙で作ったスポンジケーキ。

はる。

みんなでたべたよ

よかったね

第2章　平面造形をしよう

平面造形をしよう
リュックサックとお弁当

お弁当を作って「遠足に行こう！」と言うだけで、子どもたちは大喜びです。年齢を考えて、どういうお弁当が作れるか考えて教材化してください。

お弁当

油粘土で作る （1〜3歳児）

●用意するもの
食材の発泡トレイ、使っていないお弁当箱、油粘土、粘土べら、折り紙、包装紙、毛糸、ハサミ

●保育の流れ
① 食材の発泡トレイや、使っていないお弁当箱を、家から持ってきます。
② 油粘土で「お弁当」を作りましょう。
③ 保育者が「お弁当箱にどんな食べ物を入れたいですか」と聞きます。子どもたちは「はんばーぐ、おすし、りんご…」などと答えるでしょう。
④ 油粘土で、おにぎりやソーセージを作りましょう。
⑤ 巻きずしののりに黒い折り紙を巻いて…。折り紙、包装紙、毛糸など、いろいろ使ってもよいでしょう。
⑥ できた食べ物をお弁当箱に詰めていきましょう。

食材の発泡トレイまたは、使っていないお弁当箱。

●アレンジ●
油粘土で「お弁当」ができたら、次は画用紙でお弁当箱の形を作りましょう。下の「遠足に行こう」のように作って、クレヨンやパスでおにぎりやおかずをかきましょう。

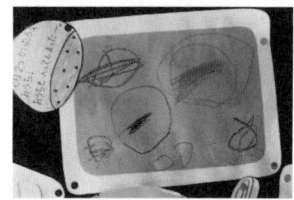

お弁当(2歳児)

遠足に行こう

リュックサックは保育者が作る（1〜3歳児）

●用意するもの
B5画用紙、四つ切色画用紙(数色)、パス(またはクレヨン)、ハサミ、のり

●保育の流れ
① 保育者はB5画用紙(子どもの人数分)の角を丸く切って、お弁当箱の形を作っておきましょう。
②「遠足の日、お弁当にどんなおかずが欲しい？」と聞きます。「おにぎり、そーせーじ、とまと、はむ…」など、子どもたちの答えが返ってきます。
③「どんなお弁当が欲しいかな、このお弁当箱に、クレヨンやパスで絵をかきましょう」と言って、①で作ったお弁当箱の形の画用紙を配ります。
④ さらに四つ切色画用紙を数色準備しておき、子どもに好きな色を選んでもらいます。
⑤ 子どもが注文した色画用紙を、目の前で図のように半分に折り、ハサミで切ってリュックサックを作ります。写真のようにお弁当箱をはるとできあがりです。花の形の名札もつけましょう。

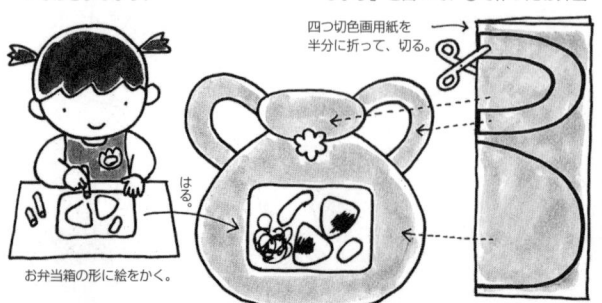

四つ切色画用紙を半分に折って、切る。

お弁当箱の形に絵をかく。

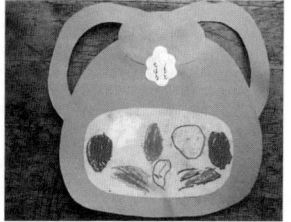

リュックサックとお弁当(2歳児・鶴園秀子指導)

動物の顔のリュックサック　　(4・5歳児)

●用意するもの●
色画紙（B5・四つ切各数色）、折り紙、包装用のビニールテープ、パス（またはクレヨン）、ハサミ、のり、ホッチキス

●保育の流れ●
①さあもうすぐ遠足です。リュックサックを作りましょう。四つ切色画用紙を縦半分に折り、ハサミで切って、できるだけ大きなリュックサックの袋の部分を作ります。形はドングリの実のような感じです（色画用紙は数色準備して、子どもが好きな色を選べるようにします）。

②リュックサックのふたの部分には、B5（八つ切の半分）の色画用紙で、クマ、リス、キツネ、タヌキなどの動物の顔を作ってはります。耳や目、鼻は、別の色画用紙や折り紙で作ります。

③肩ひもは、色画用紙で作るか包装用のビニールテープで作って、袋の裏からホッチキスで留めましょう。

④リュックサックに入れるお弁当を作りましょう。「遠足のときのお弁当、どんなおかずが好きですか？」とことばがけをしましょう。

⑤B5画用紙の角を丸く切って、お弁当箱の形を作ります。

⑥折り紙でソーセージやおにぎりを作って、お弁当箱にはります（折り紙を丸めて、立体的に作ってもよいです）。それをリュックサックにはってできあがりです。

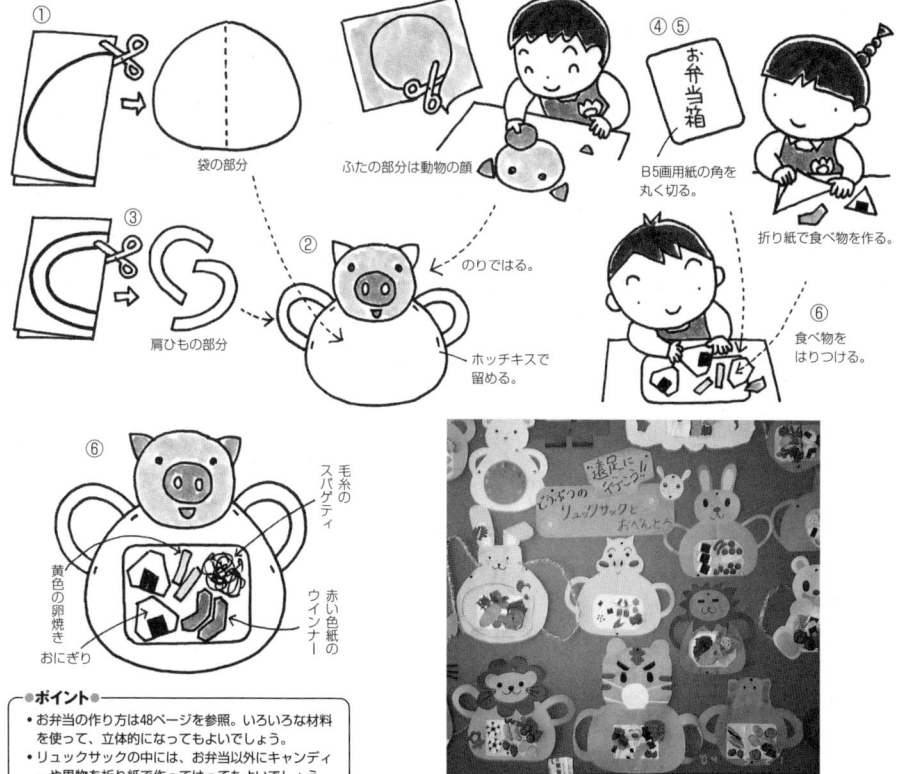

●ポイント●
- お弁当の作り方は48ページを参照。いろいろな材料を使って、立体的になってもよいでしょう。
- リュックサックの中には、お弁当以外にキャンディーや果物を折り紙で作ってはってもよいでしょう。

学生作品

第2章　平面造形をしよう

平面造形をしよう
紙皿の飾り

紙皿は安価で手に入りやすく、いろいろな作品製作や飾りに活用できます。そのいくつかを紹介しましょう。

ヒマワリのお花畑　　　　　　　　　　　　　　（4・5歳児）

●用意するもの

紙皿(大小2～4種類)、色画用紙(2～4種類の黄色、黄緑色)、折り紙、ハサミ、のり、押しピン(または画びょう)

●保育の流れ

①ひとり1枚ずつ紙皿を準備します(黄色や薄い黄緑色の紙皿、大小2～4種類準備できるとベスト)。

②黄色(2～4種類の黄色)の色画用紙や折り紙で、花びらをたくさん作りましょう。紙を重ねて切ると、一度に数枚切ることができますよ!

③紙皿の周りに、花びらをのりではりましょう。異なる黄色の大小を重ねて作ったり、交互に色を変えたり、いろいろ工夫しましょう。

④紙皿の中に折り紙を切ってはり、顔や種にします。折り紙をちぎってはる方法もあります。

⑤色画用紙でヒマワリの茎と葉を作り、写真のようにはりましょう。

⑥完成したヒマワリの花を、一列に並べたり、上下に重ねて押しピンではると、ヒマワリのお花畑ができあがり!

動物の顔を作ろう　　　　　　　　　　　　　　（3～5歳児）

●用意するもの

紙皿(色つきの紙皿、底の深い皿浅い皿、大きい皿、小さい皿、いろいろな形の皿があるので、目的に合わせて数種類準備しましょう)、毛糸、色画用紙、折り紙、包装紙、広告チラシ、クレヨン・パス、ストロー、ハサミ、のり、木工用接着剤、セロハンテープ、油性フェルトペン

●保育の流れ

①紙皿の表と裏を見比べてみたり、形の違う紙皿を触ってみて、どんな動物の顔ができそうか考えましょう(みんなでいっしょに、同じ動物を同じ作り方で作ってもよいです)。

例:クマ、ライオン、ネコ、パンダなど。

②どんな材料がよいでしょうか。作りながら集めましょう(毛糸、色画用紙、折り紙、包装紙、広告チラシ、クレヨン・パス、ストローなどの材料をあらかじめ用意しておいて、子どもたちにその中から好きな物を選ばせます)。

③目、鼻、口、耳、たてがみ、ひげ、髪の毛など、好きな材料を使って作り、のりや木工用接着剤ではりつけていきましょう。工夫している子どもの作品をみんなに見せながら、意欲を高めましょう。

④完成した順に、掲示板にはっていきます(完成したら、目の前で順番に展示していくと製作意欲が高まります)。

●紙皿の飾り●

人の顔

ちぎり絵　　　　　　　　（3〜5歳児）

●用意するもの
紙皿、色画用紙、折り紙、ハサミ、のり

●造形活動
①写真のように、折り紙を指でちぎって紙皿の中にはり（ちぎり紙）、顔を作ります。
②まず肌色の折り紙をちぎってはり、その上から目、鼻、口の折り紙をちぎってはりましょう。
③紙皿の周りに色画用紙をハサミで切ってつけると、顔のあるかわいい花になります。

顔（5歳児）

紙皿にフェルトペンで絵をかこう

（3〜5歳児）

●用意するもの
紙皿、フェルトペン

●遊び方
①画用紙にかくのと同じように、いろいろな色のフェルトペンを使って、紙皿の中（へこんでいる所）に顔、乗り物、花などを自由にかきましょう。渦巻き、丸、ハートマークなどをかいてもよでしょう。
②絵がかけたら、紙皿の周り（縁の所）に模様をかきましょう。

●アレンジ
掲示や飾りに
　紙皿に文字や絵をかいたものを、入園式やいろいろな行事の掲示や飾りに使いましょう。色画用紙などと併用して使いましょう。

第2章　平面造形をしよう　51

平面造形をしよう
スタンプあそび

野菜でスタンプ
レンコン・ピーマン・タマネギでスタンプ（3〜5歳児）

●用意するもの
切り口に変化のある野菜（レンコン・ピーマン・タマネギなど）、つまようじ、スタンプ台（市販のもの、手づくりのもの＝右の絵を参照）、A3程度の画用紙、パス（またはクレヨン）

●遊び方
①保育者が、いろいろな形の切り口となるよう角度に変化をつけて野菜を切り、スタンプの素材を準備します。例えばピーマンは輪切りに、レンコンは穴の変化を意識して切り、タマネギは輪切りにしてつまようじで留めておきます。少しにおうのが欠点ですが、楽しい画面が期待できます。図柄に大小が現れるように素材を選び、準備しておくと効果的です。その上にパスで絵をかき加えましょう。
②子どもたちは切った野菜の中からスタンプ素材を選び、スタンプ台のカラーをつけて、画用紙に思い思いに押して楽しみます。その上にパスで絵をかき加えましょう。
③スタンプ台でのカラーのつけ方、画用紙への押さえ方を助言・援助してください。

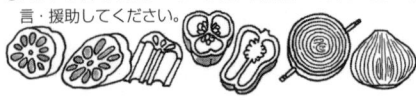

切った所にインクをギュッとつけて…
しっかりと押す。
スタンプ台（食材の発泡トレイなどに、絵の具をしみこませたスポンジを置く）
こまったかお
じどうしゃ！

段ボールでスタンプ
段ボールの形を使って　　（4・5歳児）

●用意するもの
段ボール、カッターナイフ、カッティングマット、版画用絵の具、筆、紙皿、四つ切画用紙

●遊び方
①保育者が段ボールを切って、大・中・小のスタンプ素材を多数（ひとり3枚程度）準備しておきます。5歳児の場合は、子どもたち自身もカッターナイフとカッティングマットを使って、段ボールでのスタンプ素材を作ります（刃先は5mm程度だけ出して使用。使用中は必ず保育者が見守ってください。
③準備したスタンプ素材の中から自由に選んで、その段ボール面に、紙皿に用意された版画用絵の具を筆で塗り、画用紙に押して楽しみます。

紙皿に絵の具
セロハンテープか、輪ゴムで留める。
切る方向に手を置かないように気をつけて
なにかな？
まだないしょ

● **スタンプあそび**

みんなで作ろう—応用編
ローラーあそびとスタンプあそび（5歳児）

● **用意するもの**
模造紙全紙をはり合わせた大画面、ローラー（大・中・小）、ポスターカラー、版画用絵の具、バット、ハケ、筆、段ボールを切って余白に作ったスタンプ素材、ビニールシート、ぞうきん

● **造形活動**
①保育室全体にビニールシートを敷き、その上に準備した模造紙の大画面を広げてください。絵の具で汚れますので、必ず着替えて活動してください。

ローラーあそびとスタンプあそび（5歳児）

②バットに用意したポスターカラーをローラーにつけて、画面上をあっちへこっちへと自由に転がして楽しみます。
③ローラーの跡にも余白にも、それぞれが思い思いに、段ボールで作ったスタンプ素材に版画用絵の具を直接つけて、スタンピングします。
④運動量の多い大画面でのグループ活動は、子どもたちにとって大満足の活動となるようです。完成後は、天井にはって宇宙に見たてたり、オペレッタの背景などに展開すると楽しめます。

● **ポイント** ── **版画をするとき**

スタンプ台は市販のもの、手づくりのもの、どちらを使用するときも、子どもたちの色選びが可能になるよう、数色準備してください。

手づくりスタンプ台は、ポスターカラーに適度の水を加えて溶き、バットに入れ、ガーゼを折り畳んだものを敷き詰めてください。スタンピングのとき、カラーが飛び散らないようにするためです。

ハケや筆を使ってスタンプ素材に直接塗る場合は、ポスターカラーを水で溶かずに使ってください。版画用インクもありますが、版画用絵の具のほうが子どもたちによる後片づけがしやすく、幼児教育現場に向いています。

イモやダイコン、ニンジンなど、切り口に変化のない素材でスタンプあそびをする場合は、切り口にくぎの頭や粘土べらでひっかき傷をつけると、画面にリズム感や変化が生まれます。

● **手づくりスタンプ台**

色がたくさんあると楽しい

赤　青　黄　緑

ハンコだね

第2章　平面造形をしよう

平面造形をしよう
版画をしよう

スチレン版画　　スチレン板にかいてみよう　（3〜5歳児）

●用意するもの●
A4程度のスチレン板、油性フェルトペン（鉛筆、粘土べら、くぎ、空き缶や空き瓶の口なども）、A4または四つ切画用紙、新聞紙、版画用絵の具、ローラー、バット

●造形活動●
① スチレン板は柔らかく、ひっかくだけで簡単に傷がつきます。その性質を生かして、粘土べらやくぎでひっかく、空き缶や空き瓶の口で押さえるなど、かいたり傷つけたりして版を作ります。
② かく場合は、鉛筆よりも油性フェルトペンを使用すると、子どもたちには色線が見えやすく、理解しやすいようです。油性フェルトペンに含まれる微量の成分には、スチレン板を溶かす効果があり、子どもたちの筆圧の弱さもカバーします。
③ 版が完成すれば印刷です。3歳児の場合は、保育者が印刷してください。
④ バットに広げた版画用絵の具をローラーにつけ、スチレン板全体に転がします。四つ切用紙の中央部分に、スチレン板を裏返して置きます。さらに新聞紙を載せて、全体をていねいになでてください。
⑤ 周囲を汚さないように、そーっとスチレン板を取り除いて、子どもといっしょに眺めてみましょう。スチレン版画完成です。

スチレン板に、油性フェルトペンでかく（4歳児）

スチレン版画「宇宙」（4歳児）

紙版画　　お友達の顔　　（4・5歳児）

●用意するもの●
A5厚手画用紙（切る画用紙2〜3枚）、太い毛糸、A4画用紙（台紙用）、A3画用紙（印刷用）、鉛筆、ハサミ、のり、ハケ、版画用絵の具（ポスターカラー）、新聞紙

●保育の流れ●
① A5厚手画用紙いっぱいになるような長丸（または三角形、長方形）をかきます。これが顔全体になります。
② 「これをお友達の顔にします。何を作ってつけたらよいでしょうか」の保育者の問いかけに、子どもたちが答えます。
③ 子どもたちが挙げるそれぞれを、ハサミで切ったりちぎったりして並べてみましょう。口、鼻、小鼻、目、ひとみ、まゆ、髪の毛、リボン、など、子どもたちが挙げたものそれぞれに対して、切り方、ちぎり方のヒントを与えてください。パンチで穴を抜いたもの、シュレッダーにかけて細くなった厚手画用紙、太い毛糸なども使用できます。はりつけに便利なさまざまなタイプの厚手画用紙を用意して、子どもたちの造形活動を支援・援助しましょう。
④ 厚手画用紙を台紙用画用紙にはり重ねて完成です。のりが乾いてから印刷をします。4歳児の場合は保育者が手伝いながら、5歳児の場合は保育者が見守りながら印刷します。
⑤ バットに広げた版画用絵の具をハケにつけ、画用紙の版全体に塗ります。A3用紙の中央部分に、画用紙の版を伏せて置きます。さらに新聞紙を載せて、全体を指でていねいになでてください。特に周辺は浮き上がりやすいので、注意深くなでてください。
⑥ 周囲を汚さないように、そーっと画用紙の版を取り除いて、子どもといっしょに眺めてみましょう。紙版画は、厚手画用紙の段差部分が白く残る版画です。

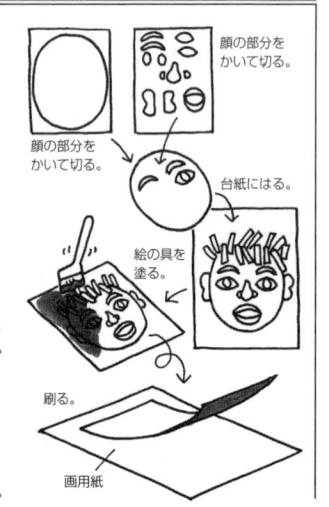

顔の部分をかいて切る。
顔の部分をかいて切る。
台紙にはる。
絵の具を塗る。
刷る。
画用紙

●版画をしよう●

| 発展編 | 全身を作る | （5歳児） |

おかあさんの顔、おとうさんの顔、動物の姿などに応用してください。

写真は、「お友達」の全身を作りました。「顔できた。お洋服できた。ズボンもできた。手もついたよ。足もできた。靴だってできた」「腕も足も二つに切って、曲げてみましょう。バンザイしたり、ボールをけったり、いろいろできるね」と、子どもたちの興味を引き出してみてください。

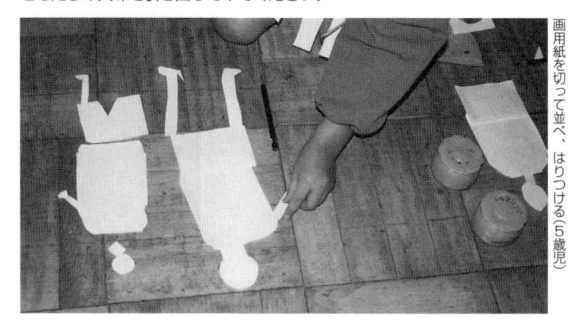

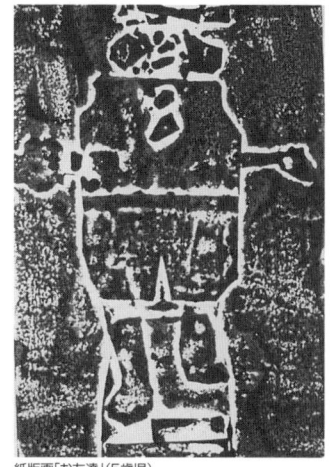

画用紙を切って並べ、はりつける（5歳児）

紙版画「お友達」（5歳児）

●ポイント● **版画用絵の具の使い方**

スチレン板は市販のものがありますが、食材の発泡トレイや発泡材など、生活の中の廃品を利用することもできます。

紙版画用用紙は、厚手画用紙を使用してください。紙版画は厚手画用紙の段差部分が白く残る版画です。用紙が薄すぎると段差がなくなり、版の効果がうまく出ません。

印刷カラーは、濃いめに溶したポスターカラーでもよいですが、版画用絵の具のほうが色合いが明確に出て効果的です。版画用インクもありますが、版画用絵の具のほうが子どもたちも後かたづけがしやすく、幼児教育現場に向いています。

スチレン版画は必ずローラーで、紙版画はハケまたは筆で絵の具を塗ってください。

●紙版画
全体に絵の具を塗る。／ハケ
厚手画用紙
段差部分の絵の具が、印刷されずに白く残る。

●スチレン版画
ローラー／かいた線が溝になり、その部分には絵の具がつかない。
スチレン板

「どうなっているかな？」「やったー！うつってるぞ」

第2章　平面造形をしよう　55

平面造形をしよう
プリント作り

スチレン板に絵をかき、版画を作ります。

(3〜5歳児)

●用意するもの
スチレン板（ひとり2枚、食材の発泡トレイでもよい）、鉛筆、版画用インク（水溶性）またはフィンガーペイント絵の具、ローラー、紙（版に合った大きさで、表面のツルツルしたもの以外）、バット、ペーパータオルなど

スチレン板や、食材の発泡トレイ。

●遊び方
① スチレン板の上に鉛筆で絵をかきます。丸や三角を組み合わせて基本形を作り、そこに線や飾りを入れ、動物などをかきます。
② バットの上でローラーを転がし、版画用インク（カラー）を練り、ローラーに十分つけます。
③ スチレン版にインクをつけ、わら半紙を載せ、手やスプーンを使って上からこすります（最初に保育者がやって見せてもよいです）。

① スチレン板に、鉛筆で絵をかく。

② バットにインクを出し、ローラーに十分つける。

③ スチレン板に、ローラーでインクをつける。

紙を上に載せ、上から手でこする。

●アレンジ
　数人で、わら半紙の上に重ね版を作ります。新聞紙や印刷物の上に刷ってもおもしろいです。異なる色でオーバーラップ（重ね刷り）すると、おもしろい効果が出ます。
　また、数人で作ることによって、偶然の形が発見できて、おもしろい結果を生みます。見たてあそびをして、フェルトペンなどでさらに飾りをつけましょう。

●ポイント
　写してははがして繰り返す…。ぺったんぺったん、子どもは繰り返し写し絵が大好きです。でも、後かたづけが大変です。水性版画用絵の具は、その日のうちに洗えばきれいに落ちます。でも乾いた後だと、落とすのが大変です。

平面造形をしよう
ボディプリント

フィンガープリントから、体のいろいろな部分でプリントすることに発展しましょう。

(2～5歳児)

●用意するもの
模造紙(畳大)、新聞紙またはブルーシート、水(バケツに入れて)、ぞうきん、ペーパータオル、ボディペイント絵の具(赤、黄、青)、絵の具皿(スポンジに絵の具を含ませておく)

●造形活動
①新聞紙、またはブルーシートを敷き、その上に模造紙を広げておきます。絵の具は絵の具皿に入れて、周りに配置しておきましょう。子どもたちはあらかじめ汚れてもよい服装をしておきます。

②プリントの仕方をやって見せます。最初は手のひらを絵の具に浸し、模造紙に手形をプリントします(滴ったり流れたりしないように、あまりつけすぎない)。子どもたちも活動に入ります。

③別の色でプリントする前に、手のひらで絵の具が混ざるのを防ぐため、すすぎ方とふき方を教えておきます。年少の子どもは、ふくのを手伝ってあげましょう。

④次に親指を絵の具(別の色)に浸し、手のひらのプリントの下にプリントして"足"を作ってみます。次に腕やひじ、ひざ、足を使ってプリントします。最初は保育者がやって見せてあげましょう。

⑤3・4人のグループで作業を始めます。保育者の試みはそのまま残して、子どもたちの助けにしましょう。

いろいろな色で、ハンドプリント。

保育者が、まずやって見せましょう。

●アレンジ
子どもたちはパンツ一つになります。模造紙を壁にはるか床に敷いて、全身を使ったボディプリントに発展します。

ペタンペタンとプリント。
ニュルニュルと動かしてかく。
乾いたら上から別の色で。
ペタンペタン、ニュルニュル。

平面造形をしよう
ろうけつあそび

さまざまな基礎技法を用いて、表情豊かな表面を作ります。

(4〜5歳児)

●用意するもの
ろうそく、湯煎なべ（アルミなべ）、電熱器、アクリル絵の具（赤、黄、青など基本色数色）、画用紙、絵の具の溶き皿、筆（アクリル絵の具用とワックス用）、スモック、エプロン、新聞紙など

●造形活動
①作業場の準備をします。まず保育者が先に経験しておくことが大切です。新聞紙でテーブルを覆います。電熱器と湯煎なべを置き、ろうを湯煎して溶かします。アクリル絵の具は絵の具1：水5の割合で溶いておきます。
②子どもたちにやって見せながら作業に導入します。まず筆を溶けたろうに浸し、画用紙の上で描画します。
③ろうが乾いたら、筆で色を塗りましょう。ろうが絵の具をはじきます。
④ろう塗りと色塗りを繰り返します。透明感のある色が重なり、新しい色ができます（筆はアクリル絵の具用とろう用で分けて使いましょう）。
⑤数回繰り返してできあがりです。すぐに筆をきれいに洗っておきましょう（アクリル絵の具は、乾くと水に溶けなくなります）。

●アレンジ
白い布の上に、同じようにかいてみましょう。また、フェルトペンやインクを使ってもよいです。面表現と線表現の組み合わせで、さらに表情を増すことでしょう。

●ポイント
保育者にとっても、ろうけつはなじみがないと思います。ろうの溶けかげんを適当にする温度調整や、乾くまでの時間の感覚を得るため、前もって経験しておくことをお勧めします。

第3章 ＊＊＊ 手づくりおもちゃで遊ぼう

良いおもちゃの条件

　よいおもちゃには、次の要素がいくつか満たされています。
①**手触り、感触が良い。明るくて色合いの良いおもちゃ。**
　布のおもちゃや木のおもちゃのように、触ったときの感触が良いおもちゃ。色や形が親しみやすく、きれいなおもちゃ。
②**動く、走る、飛ぶ、音がするなど、機能的な要素があるおもちゃ。**
　車がついていて走るおもちゃ、仕掛けがあって動くおもちゃ、振り回すと音が出るおもちゃなどは、子どもの目を輝かせます。
③**意外性があるおもちゃ。**
　予想もしない動きをしたり、おもしろい動きをするおもちゃは、子どもの好奇心を揺り動かします。
④**あそびが変化、発展していくおもちゃ。**
　一つだけの遊び方ではなく、あそびがいろいろと変化、発展していくおもちゃ。
⑤**繰り返すと上達していくおもちゃ。**
　縄跳び、こま回し、けん玉のように、繰り返して練習するとうまくなっていくおもちゃや遊具。友達と競い合ったりする中で、少しずつうまくなっていく喜びがあります。
⑥**安全性を考えたおもちゃ。**
　乳幼児は、なめる、かむ、たたくなど、大人が予想できない行動をとることがよくあります。安全で、なおかつ壊れにくいことも大切な要素です。

手づくりおもちゃで遊ぼう
ポリ袋で遊ぼう

ポリ袋は身近にあり、空気を入れて膨らませると、意外とおもしろいあそびができます。

風船でバレーボールあそびをしよう　　（3〜5歳児）

雨の日に、遊戯室でポリ袋の風船をみんなでついて遊ぼう。何回つけるかな！　中に折り紙やゴム風船を入れましょう。

●用意するもの
ゴミ用の大きなポリ袋、折り紙、ゴム風船、輪ゴム、セロハンテープ

●作り方
①ゴミ用の大きなポリ袋に、空気をいっぱい入れます。
②折り紙を5mm四方くらいに小さく切って、少し入れます。膨らませたゴム風船を一つ入れると、意外性があるので子どもは喜びます。
③もう一度空気をしっかり入れて膨らませ、輪ゴムで口を留めます。
④輪ゴムの部分が目に当たると危ないので、結んで中に押し込み、底の角もセロハンテープで留めます。

●遊び方
みんながいる所に投げ入れて、上にはじいて遊びます。雨の日の遊戯室などで、思いきり遊びましょう。床に落ちないように！　何回続けてつけるか、みんなで数えてつくと意欲が高まります。

●アレンジ
- 大きさを変えて作りましょう。
- 油性フェルトペンで模様をつけると、きれいになります。膨らませる前に模様をかきましょう。

傘用ポリ袋の風船　　（1〜5歳児）

傘用ポリ袋で作ると、細長い遊具ができます。小さいので、子どもひとりひとりで作って遊びましょう。

●用意するもの
傘用ポリ袋（ホームセンターなどで売っています）、輪ゴム、セロハンテープ、油性フェルトペン

●作り方
①傘用ポリ袋を用意して、空気をいっぱい入れて膨らませます。
②膨らませたら、空気が漏れないように少しねじって、輪ゴムで留めます（留めにくい子どもは支援します。子ども同士が助け合って留めてもよいです）。
③ポリ袋に、油性フェルトペンで絵や模様をかきます。
④輪ゴムの部分が目に当たると危ないので、中に押し込んでセロハンテープで留めます。

●遊び方
風で飛ばしてみたり、投げてみたり、高い所から落としてみたり、自由に遊びましょう。

びっくり箱

(4・5歳児)

　ストローを吹くと、紙コップの中からニョキニョキニョキッと顔が飛び出てきます。いちばん人気のあるおもちゃです。見た人がびっくりするような顔をかきましょう。

●用意するもの●
傘用ポリ袋、太めのストロー、紙コップまたは牛乳パック、ハサミ、カッターナイフ、きりまたは千枚通し、セロハンテープ、油性のフエルトペン

●作り方●
① 傘用ポリ袋を、40〜50cmの長さに切ります（保育者が初めに切っておいてもよいです）。
② 太めのストローを半分に切っておきます。
③ ポリ袋の口の部分にストローを差し込み、セロハンテープで空気が漏れないように留めます。空気が漏れないかどうか、試しに膨らませてみましょう。
④ 紙コップまたは牛乳パックを用意して、底から10cmくらいの所で切り取ります。図のように底の側面に、きりか千枚通しでストローを入れる穴を空けます。
⑤ ストローの吹き口の方を、紙コップの穴の中から出します（少し出しにくいので、保育者が支援しましょう）。
⑥ ポリ袋を膨らませておいて、図のようにポリ袋の上の部分をセロハンテープで留めると耳ができ、首の所に巻くと首が細くなります。
⑦ 油性のフエルトペンや折り紙で、目鼻や模様をつけます。目鼻は、見る人の方に顔が向くようにします。

第3章　手づくりおもちゃで遊ぼう

手づくりおもちゃで遊ぼう
引いて遊ぶおもちゃ

子どもは歩けるようになると、物を押したり引いたりして遊ぶことが大好きになります。

虫のおもちゃ① (3〜5歳児)

ボール紙で輪を作り、4〜7個ホッチキスで留めて、ひもで引っ張ると「虫だぞ〜」

● **用意するもの**
四つ切のボール紙または厚紙、画用紙、ホッチキス、フェルトペン、クレヨン、鉛筆、コンパスまたは直径7cmくらいの丸いふたなど、ハサミ、のり、セロハンテープ、ひもまたは太めのたこ糸(80cmくらい)、きりまたは千枚通し

● **作り方**
① ボール紙または厚紙を幅5cm、長さ25〜30cmに切ります(ひとり分が4〜7枚。保育者が切りましょう)。
② 一つひとつ輪を作り、2か所をホッチキスで留めます。
③ 輪ができたら、図のように2か所ほどをホッチキスでつないで留めます。
④ 頭部は画用紙に丸いふたで直径約7cmの円をかき、ハサミで切ります(アイスクリームのふたや、トイレットペーパーのしんでもよい)。
⑤ フェルトペンやクレヨンで目鼻をかいて、図のようにのりではります。角をつけてもよいです。
⑤ 顔の真ん中にきりで穴を空け(必ず保育者が空けます)、ひもを通し、取れないように裏側をセロハンテープで留めます。持つ所は輪にします。

● **ポイント**
- ホッチキスでしっかり留めます。
- きりは、必ず保育者が管理します。

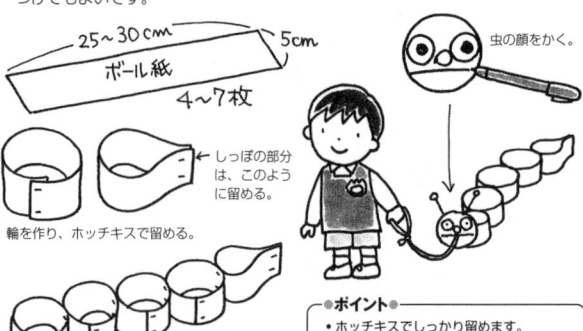

虫のおもちゃ② (3〜5歳児)

牛乳パックを輪切りにして、虫を作って引いて遊びましょう。

● **用意するもの**
牛乳パック(1000cc)、目玉用に丸く切った画用紙(大)と黒色画用紙(小)、ハサミ、ホッチキス、のり、ひもまたは太めのたこ糸(80cmくらい)、きりまたは千枚通し

● **作り方**
① 図のように、保育者が牛乳パックを輪切りにしておきます。
② 輪を重ねて4か所をホッチキスで留め、4〜8個つなぎます。
③ 牛乳パックの上の部分をホッチキスで留め、目玉をのりでつけて顔にします。
④ 輪を、図のように先が細くなるようにして後ろに回し、しっぽにします。
⑤ きりで穴を空け(必ず保育者が空けます)、ひもを通して結びます。持つ所は輪にします。

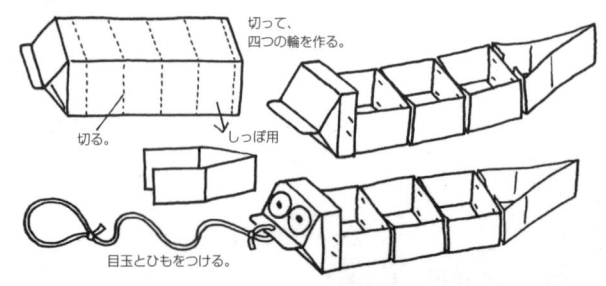

● **ポイント**
- 色画用紙を切って、手足や羽、口や舌などをつけてもおもしろいです。
- 目玉用に白・黒の紙を丸く切って、たくさん作っておきましょう。
- 画用紙と黒色画用紙を、裁断機で3〜4cmの正方形に切って、大量に箱に入れておくと便利です。子どもはそれを丸く切って目玉を作れます(紙の節約にもなります)。

引いて遊ぶおもちゃ

段ボール箱の車

おもちゃの収納箱にも　　　（3〜5歳児）

段ボール箱の前にヘッドライト、横に車輪をかくと車ができます。ロープをつけて引っ張ると楽しいですよ。

●用意するもの
段ボール箱(やや大きめ)、包装紙、色画用紙、黄色い折り紙(2枚)、ハサミ、カッターナイフ、きりまたは千枚通し、のり、ロープ(3mくらい)

●作り方
① 段ボール箱の上を切り取り、周りに包装紙をはります。
② ヘッドライトは、丸く切った黄色い折り紙(直径約8cm)2枚を前にはり、車輪は直径10cmくらいに切った色画用紙4枚を、両側面の下にはります。
③ 段ボール箱前面の下の方に、20cmくらいの間隔を空けて、直径1cmくらいの穴を2か所空けます。まずきりで下穴を空け、かけなくなったボールペンなどを突っ込んで、穴を大きく広げます。
③ 穴に3mくらいのロープを通して、輪にして結びます。

●遊び方
- ロープの輪に入って、引っ張って遊べます。
- 軽いおもちゃなどを入れて運べます。
- おもちゃの収納箱にもなります。

●ポイント
- 共同でたくさん作ってつなぐと、電車になります。
- 底一面にクラフトテープ（表面がコーティングされたタイプのもの）をはっておくと、引っ張るときに滑りやすくなるとともに、物を入れても底が抜けにくく、補強にもなります。

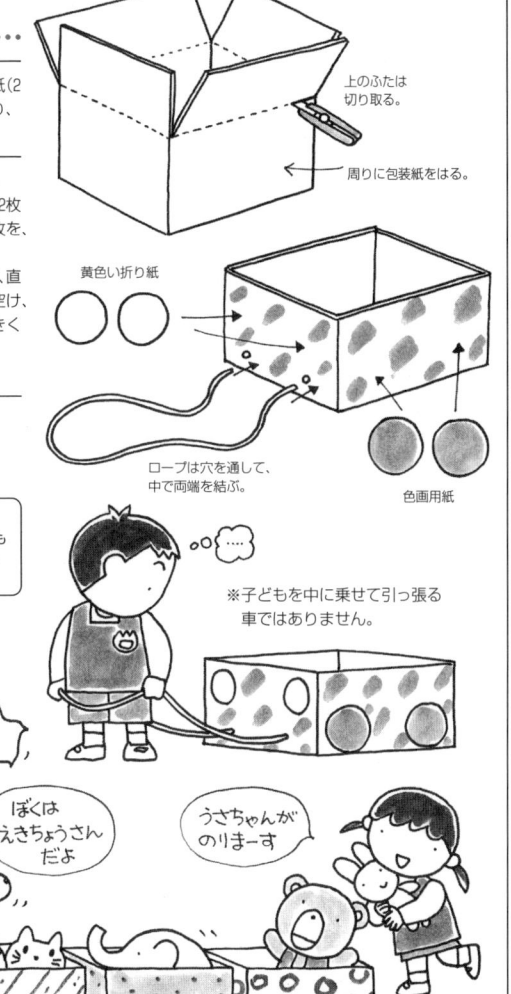

上のふたは切り取る。

周りに包装紙をはる。

黄色い折り紙

ロープは穴を通して、中で両端を結ぶ。

色画用紙

※子どもを中に乗せて引っ張る車ではありません。

たくさんつないで電車ごっこ

「しゅっぱつしんこう」
「ぼくはえきちょうさんだよ」
「うさちゃんがのりまーす」

第3章　手づくりおもちゃで遊ぼう

手づくりおもちゃで遊ぼう

空き箱で作ろう

いろいろな形の空き箱は、工作の絶好の材料です。箱の形を組み合わせることは、子どもたちの想像力を刺激します。空き箱に生命を与えて、楽しい工作をしましょう。

動くおもちゃを作ろう　　(4・5歳児)

●用意するもの
ポテトチップスなどのお菓子の紙筒、輪ゴム（14〜16番がよい）、粘土、ハサミ、油性フェルトペン

●作り方
①お菓子の紙筒を5cmくらいの高さに切り、両端に1cmの切れ目を、1cmくらいの幅で2か所ずつ入れます。
②輪ゴムを真ん中で一回玉結びした後、結び目にピンポン玉くらいの大きさの粘土をつけて、丸く形を整えます。
③輪ゴムの両端を切れ目にかけてひっくり返し、筒に油性フェルトペンで好きな絵をかいてできあがり。

●遊び方
　筒の両端（輪ゴムのかかっている所）を持ち、筒が机などの表面にすれるように30cm程手前に引きます。筒を放すと、ゴムの動力で体を揺すりながらユーモラスに動きます。

ポテトチップスなどの箱

後ろに引いて手を放すと、体を揺すりながら前に進むよ。

●ポイント
筒に模様があるときは、できるだけ模様を生かした絵をかきましょう。

おもしろカーを作ろう　　(4・5歳児)

●用意するもの
紙の空き箱、一穴パンチ、縁がギザギザになっているフィルムケースのふた（4個）、竹ぐし（4本）、色画用紙、折り紙、油性フェルトペン、ハサミ、のり、木工用接着剤、コーヒーフレッシュの容器など

●作り方
①空き箱4か所に、一穴パンチで穴を空けます。
②フィルムケースのふたに竹ぐしを刺し、図のように作ります。これを二つ作って基本部分のできあがりです。
②箱のイメージに合わせて、いろんな飾りやデザインの車を作りましょう。

竹ぐしの先は、ハサミで切り取る。

コーヒーフレッシュの容器

キャラメルの箱

ひもをつけてもよい。

お菓子の箱

●ポイント
フィルムのふたの真ん中に、両面テープをつけた発泡スチロールなどをつけて竹ぐしを通すと、車輪が安定します。

●空き箱で作ろう●

おもしろ生き物(マリオネット)を作ろう　　(4・5歳児)

子どもは、万物に生命(いのち)を与えるアニミズムの世界で空想に遊び、想像力を豊かにします。マリオネットを使って、いろいろな物語をつくってみましょう。

●用意するもの●
紙の空き箱、一穴パンチ、割りばし、たこ糸(1m4本)、輪ゴム、紙テープ、ペットボトルのふたや牛乳瓶のふたなど、色画用紙、ハサミ、のり、セロハンテープ

●作り方●
①空き箱のふた4か所に、一穴パンチで穴を二つずつ空けます(2個×4か所)。
②穴二つ(図参照)に1mくらいのたこ糸を通し、箱の裏で結びます。割りばしを図のように組んで輪ゴムで縛り、それぞれの先にたこ糸を結んで動く仕組みのできあがり。
③箱にふたをしてセロハンテープで留め、実際に動かしてみましょう。動きの中から浮かび上がったイメージを基に、思い思いの生き物にしあげます。
④手足は紙テープにペットボトルや牛乳瓶のふたなどをつけます。色画用紙を切って顔を作り、箱につけましょう。

●遊び方●
割りばしを持ち、左右に動かしながら前に進むと、リアルな動きが出せます。足を王冠にすると、カチカチ音が鳴っておもしろいです。上下に動かしたりもしてみましょう。

箱の表側
一穴パンチで穴空ける。
輪ゴム
割りばし
1m
セロハンテープで穴留める。

●ポイント●
ゆらゆら揺れる仕組みを知って、マリオネットに生命(いのち)を与えましょう。

第3章　手づくりおもちゃで遊ぼう

手づくりおもちゃで遊ぼう
牛乳パックで、動くおもちゃ

バスや自動車を作り、つないで飾りをつけて、パレードをしましょう。山車を作ってお祭りごっこもしてみましょう。

(3〜5歳児)

●**用意するもの**
牛乳パック、竹ぐし、ストロー、段ボール、鉛筆、コンパス(または茶碗やカップなど丸いもの)、折り紙、色画用紙、ボール紙、千枚通し、ハサミ、のり

●**作り方**
①牛乳パックを横にして、下に車輪をつなぐ穴を千枚通しで四か所空けます。
②段ボールにコンパスで円をかき、切り取って車輪を四つ作り、真ん中に千枚通しで穴を空けます(千枚通しは保育者が使います)。
③2cmほどに切ったストローを、車体の四つの穴に差し込みます。ストローに竹ぐしを通します。
④車輪を竹ぐしに通します。

●**遊び方**
テーブルで坂を作ったり、滑り台を使って走らせて遊びましょう。

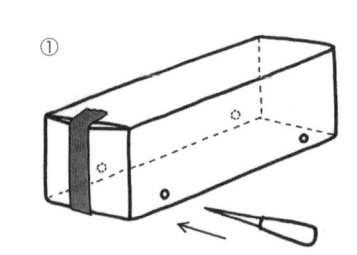

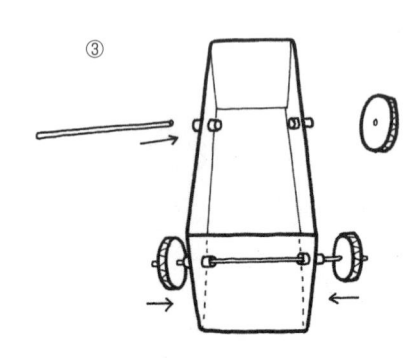

ビニールテープ留め。

手づくりおもちゃで遊ぼう
紙コップの不思議な生き物

紙コップに目玉をつけて飾りをつけると、不思議な生き物のできあがり。

(4～5歳児)

●用意するもの
紙コップ、色画用紙（10cm四方くらいのものを10枚くらい）、折り紙、グラビア雑誌、カラーセロハン、動く目玉シール、のり、ハサミ、竹ひご、糸など

●作り方
① 紙コップを胴体にします。
② 色画用紙を加工します。刻む、丸める、カールする、短冊にする、ちぎる、穴を空ける、重ねる、折る、などの操作で羽根、たてがみ、足、鼻、口などの部分を作り、紙コップにはり合わせます。
③ 動く目玉シールをつけると、とたんに生き生きします。できあがったら、最後に名前をつけましょう。

●遊び方
ひもをつけて、つるして飾りましょう。割りばしなどで棒をつければ、手で持って人形劇もできます。ペープサートのキャラクターとしてもよいです。

タコができました。

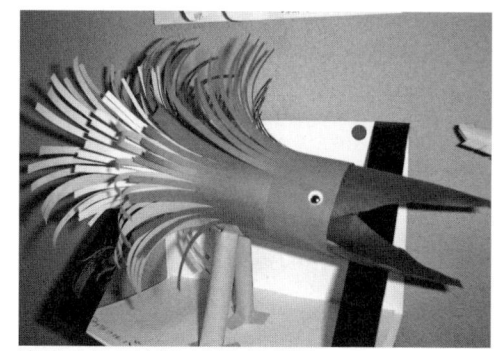

紙を重ねて、刻んで、しならせ、丸めます。なんだろう？

●アレンジ
- 動物園、植物園、水族館、庭作り、街作りというふうに、テーマを決めて壁に飾りましょう。
- 色画用紙をじゃばらに折って手足を作り、下から竹ひごをつければ操り人形にもできます。

●ポイント
- 部分を別々に作り、組み合わせる中で生き物ができてくるのがポイントです。ゾウやライオンなど、具体的な動物にこだわる必要はありません。
- できた不思議な生き物に命名します。

手づくりおもちゃで遊ぼう
牛乳パックを使って①

牛乳パックはとても身近な材料です。素材が紙なので、ハサミで切ったりセロハンテープでくっつけたりの加工がしやすく、そして思いのほかじょうぶ。こんな牛乳パックを使って、いろんなおもちゃを作ってみましょう。

紙トンボ　　　　　　　　　　　　　　　　(4・5歳児)

●用意するもの
牛乳パック、定規、カッターナイフ、カッティングマット、ハサミ、セロハンテープ

●作り方
① 牛乳パックを切り開き、2cmくらいの幅に切ります。長さは折り目を真ん中にして、側面二つ分をいっぱいに使います。
② 図のように折ります。
③ ストローの先端に2cmほどの切り込みを入れ、そこに折った牛乳パックの羽根を挟みます。セロハンテープで留めてできあがりです。

●遊び方
ストローを手のひらで挟んで回転させると、とてもよく飛びます。

●ポイント
羽根の角が当たると危険なので、ハサミで角を丸く切っておきましょう。

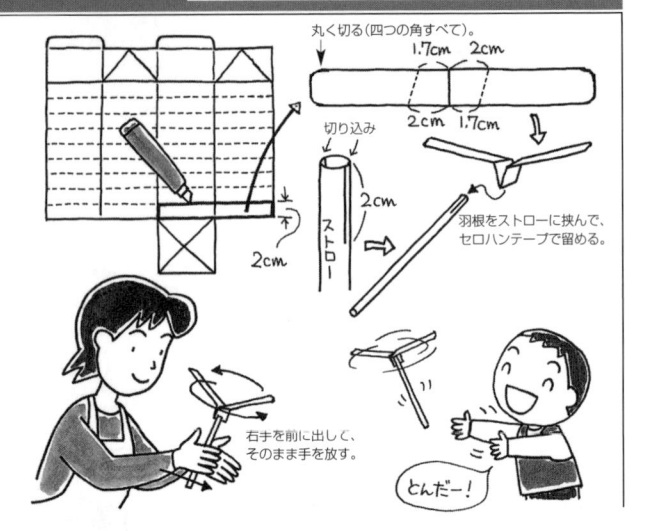

丸く切る(四つの角すべて)。
1.7cm　2cm
2cm　1.7cm
切り込み
ストロー
2cm
2cm
羽根をストローに挟んで、セロハンテープで留める。
右手を前に出して、そのまま手を放す。
とんだー!

けん玉　　　　　　　　　　　　　　　　(4・5歳児)

●用意するもの
牛乳パック、新聞紙、アルミホイル、ハサミ、たこ糸、ビニールテープ

作り方
① 牛乳パックを適当な深さで切ります。
② 新聞紙を丸めて玉を作り、アルミホイルで包んで形を整えます。
③ 牛乳パックの角と玉に、ビニールテープでたこ糸を留めるとできあがりです。

●遊び方
牛乳パックの箱を持って玉を上にほうり上げ、うまく箱で受け止めてください。けっこう難しいですよ(73ページ下『けん玉の遊び方』参照)。

新聞紙を丸める。
アルミホイル
アルミホイルで包んで形を整える。
たこ糸

●牛乳パックを使って①

ボール

(4・5歳児)

● 用意するもの
牛乳パック、ハサミ、ホッチキス、セロハンテープ

● 作り方
① 牛乳パックを下から7cmの所で切り、四つの角を切って十字に開きます。
② 側面（四面とも）をそれぞれ縦半分に切ります。
③ AとAを合わせて、ホッチキスで2か所留めます（合わせる前に、しごいて巻き癖をつけておくとやりやすいです）。
④ その上にBとBを合わせ、セロハンテープで固定します。
⑤ 同じようにCとC、DとDを反対側で留めてできあがりです。

● 遊び方
上にほうり投げて受け止めたり、的に向かって投げたり、体に当たっても痛くないので、安心して遊べます。

びっくり箱

(4・5歳児)

● 用意するもの
牛乳パック、ハサミ、輪ゴム、箱(8cm×8cmくらい、深さはできるだけ浅いもの)

● 作り方
① 牛乳パックを5cmの幅で輪切りにします。
② 角と角をセロハンテープでくっつけて、ひし形をつないでいきます（数はいくつでもよいです）。
③ 側面の角には、すべて5mm程度の切り込みを入れておきます。
④ 切り込みにそれぞれ輪ゴムを掛け、輪ゴムが伸びるように畳んで、箱に入れます。

● 遊び方
箱を開けたらびっくり！　びょーんと長いヘビが飛び出します。

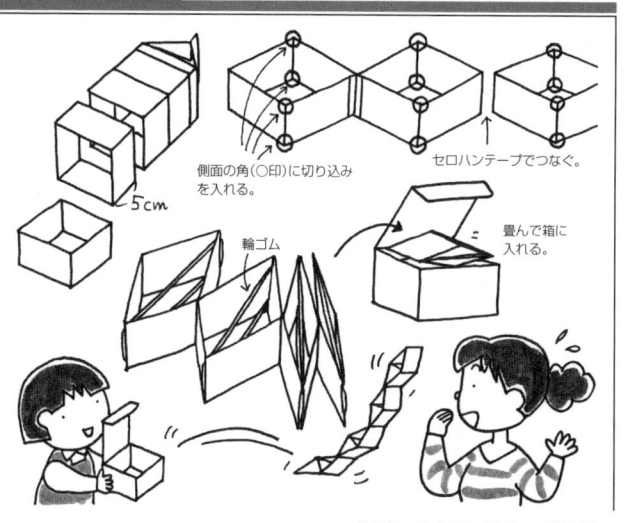

第3章　手づくりおもちゃで遊ぼう　69

手づくりおもちゃで遊ぼう
牛乳パックを使って②

水に強い牛乳パックを使って、水あそびのおもちゃを作りましょう。

入れもの (5歳児)

ポット

●用意するもの
牛乳パック(1000cc)、ハサミ、カッターナイフ

●作り方
①牛乳パックをきれいに洗って乾かし、ハサミやカッターナイフで太線の所を切ります。
②点線の所を山折り谷折りし、注ぎ口にしてできあがり。

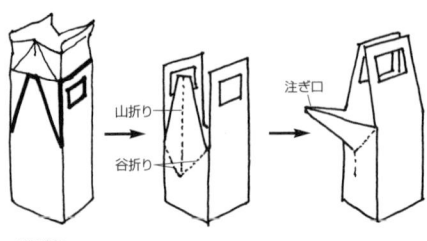

●遊び方
実際にお茶やジュースを入れて、ままごとあそびに使いましょう。

コップ

●用意するもの
牛乳パック(1000cc)、ハサミ、ホッチキス

●作り方
①太線で切り離します。
②太線に切り込みを入れ、点線の所を谷折りします。
③取っ手を下にぐるっと曲げて、ホッチキスで留めて完成。

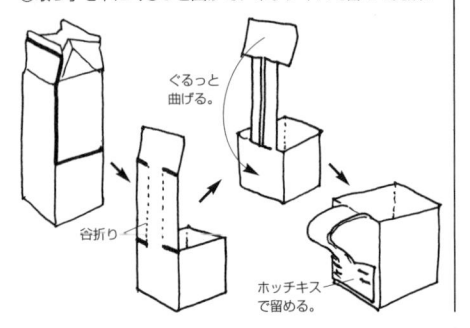

水車 (5歳児)

●用意するもの
牛乳パック(1000cc)、ハサミ、ホッチキス、ストロー、竹ぐし、きりまたは千枚通し、木工用接着剤、油性フェルトペン

●作り方
①太線で切り離します（パーツA・B）。
②パーツAの側面を谷折りして、羽根を作ります。
③図のように竹ぐしを通してホッチキスで留め、両側に短く切ったストローを通します。
④羽根をパーツBに載せ、牛乳パックを小さく切ってきりで穴を空け、竹ぐしの両側にはめておきます（ずれ防止）。
⑤羽根に油性フェルトペンで絵をかいたり、動物を作って木工用接着剤ではると、楽しい水車のできあがりです。
⑥パーツCのように切ってもできます。

●遊び方
手洗い場に持って行き、上から水道水をかければくるくると回ります。ペットボトルやじょうろに水を入れてかけてもよいです。かける水の量や高さで、回る勢いも変わることに気づきます。

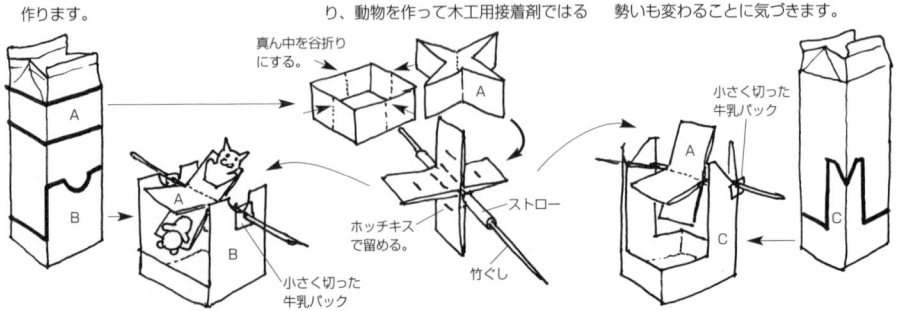

●牛乳パックを使って②●

ヨット・モーターボート　　　　　　　（5歳児）

●用意するもの●
牛乳パック（1000cc）、ハサミ、ホッチキス、木工用接着剤、割りばし、洗濯バサミ、輪ゴム、油性フェルトペン

●作り方●
①牛乳パックをきれいに洗って乾かし、ハサミで太線の所を切り離します（パーツA・B）。
②パーツAの先を閉じて木工用接着剤を塗り、ホッチキスで留めます。
③パーツBに油性フェルトペンで絵をかき、パーツAに立てて帆にします。図のように木工用接着剤ではり、ホッチキスで留めるとヨットのできあがりです。
④パーツAの両側に、木工用接着剤で割りばしをつけます。乾くまで洗濯バサミで固定しておきましょう。
⑤割りばしに輪ゴムを渡して羽根（前ページの『水車』参照）を掛け、3・4回まわします。上からもう1本輪ゴムを掛けて押さえると、モーターボートのできあがりです。

●遊び方●
作ったヨットやモーターボートを、水に浮かべて遊びましょう。たらいやビニールプールに水を張り、みんなで競争しても楽しいです。

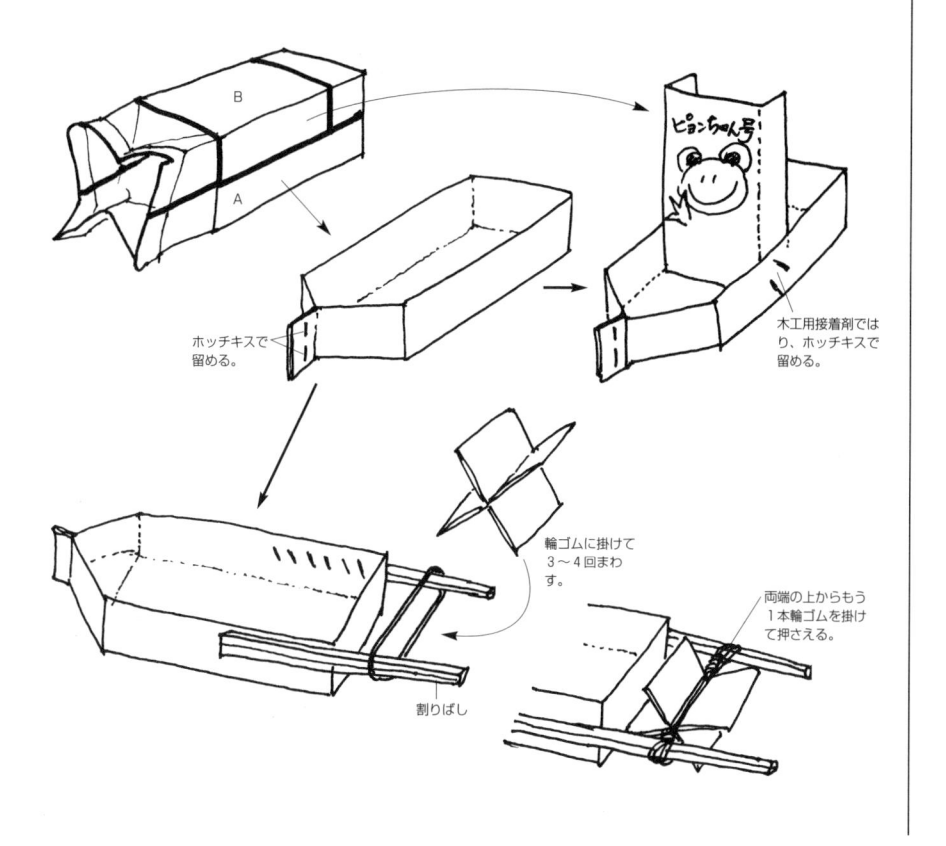

第3章　手づくりおもちゃで遊ぼう

手づくりおもちゃで遊ぼう
けん玉で遊ぼう

けん玉は手や体の調整ができないと、なかなかうまくできません。5歳児になると、初めはうまくできなくても、こつを覚えればすぐできるようになります。

紙コップけん玉　　　　　　　　　　　　　　　　（5歳児）

●用意するもの
紙コップ、たこ糸（40〜45cm）、アルミホイル（30cm×30cm）、きりまたは千枚通し、フェルトペン

●作り方
①「玉の作り方」のとおりに玉を作ります。
②図のように紙コップの縁にきりで穴を空けて（必ず保育者が空ける）、たこ糸を通して結びます。
③紙コップに、フェルトペンで絵や模様をかいたらできあがりです。

●遊び方
次ページ「けん玉の遊び方」を参照してください。

●玉の作り方
たこ糸（40〜45cm）の端をアルミホイル（30cm×30cm）の真ん中に置き、たこ糸といっしょに巻き込み、両手で丸めて作ります。

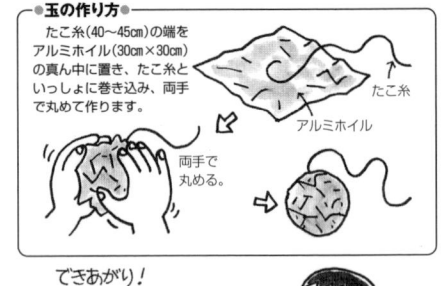

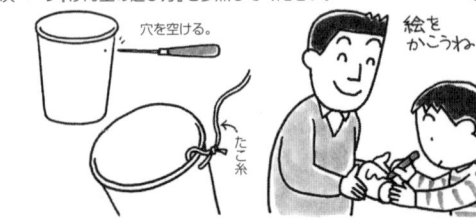

メガホンけん玉　　　　　　　　　　　　　　　　（5歳児）

●用意するもの
色画用紙（B5）、たこ糸（40〜45cm）、アルミホイル（30cm×30cm）、きりまたは千枚通し、フェルトペン、ホッチキス、のりまたはセロハンテープ

●作り方
①図のように、色画用紙をメガホンのように巻いて、ホッチキスで1か所を留めます。色画用紙の端を、のりまたはセロハンテープでめくれないように留めます。
②「玉の作り方」のとおりに玉を作ります。
③色画用紙の糸を結ぶ部分を補強するため、2cmくらい図のように折ります。そこにきりで穴を空けて、たこ糸を通して結びます。
⑤色画用紙に、フェルトペンで絵や模様をかいたらできあがりです。

●遊び方
次ページ「けん玉の遊び方」を参照してください。

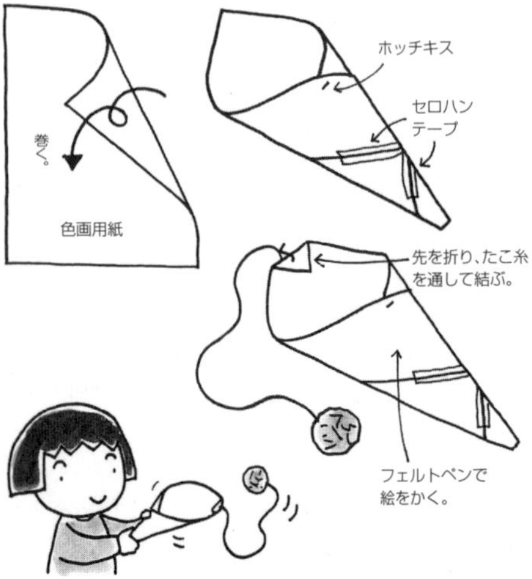

●ポイント
色画用紙は数色準備して、子どもが選べるようにしましょう。

● けん玉で遊ぼう ●

カップけん玉　　　　　　　　　　　　（5歳児）

●用意するもの
プリンやアイスクリームのカップ（大小2・3個）、たこ糸（40～45cm）、アルミホイル（30cm×30cm）、0.8～1cm角のヒノキ棒（30cm、ホームセンターなどで売っています）、のこぎり、クラフトナイフ、木工用接着剤、画びょう

●作り方
①二週間くらい前から子どもたちに知らせて、プリンやアイスクリームのカップを集めておきましょう（よく洗ってから持ってくるように伝えましょう）。
②ヒノキ棒は30cmの長さに切り、一方の、端から1cmの所の両側をクラフトナイフで削って切り込みを入れ、糸が外れにくいようにしておきます。
③ヒノキ棒の削った所に、たこ糸を二回巻いて結びます（結べない子どもは保育者が結んであげましょう。）
③プリンやアイスクリームのカップを大小2・3個選んで、ヒノキ棒の所に置いてみましょう。位置が決まったらカップの底に木工用接着剤をつけて、図のように画びょうで留めます。上に2個、裏に1個つけてもよいです（カップが上げ底になっている場合は、保育者がハサミやナイフで切り込みを入れて、ヒノキ棒に接着しやすいようにします。
④『玉の作り方』のとおりに玉を作ります。
⑤接着剤が乾いたらできあがりです。二通りのけん玉のやり方（下図）があるので、ゆっくり根気よく練習しましょう。

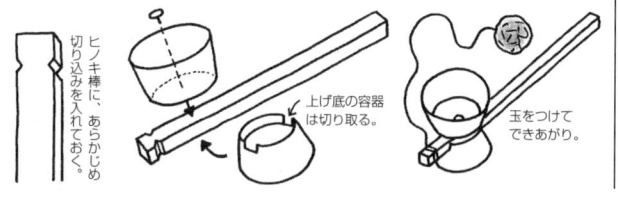

ペットボトルけん玉　　　　　　　　　　（5歳児）

●用意するもの
ペットボトル、ビニールテープ、フェルトペン、シール、たこ糸（40～45cm）、アルミホイル（30cm×30cm）、ハサミ、きりまたは千枚通し

●作り方
①ペットボトルを輪切りにします（保育者が人数分切っておきましょう）。
②ペットボトルの縁にきりで穴を空け（必ず保育者が空けます）、たこ糸を通して結びます（結べない子どもは保育者が結んであげましょう）。
③『玉の作り方』のとおりに玉を作ります。
④ペットボトルの切り口にビニールテープをはり、フェルトペンで絵をかいたり、シールをはって飾りましょう。注ぎ口の所を持って遊びます。

ペットボトルのけん玉（5歳児・附属園田幼稚園）

●けん玉の遊び方
　けん玉は、だれでも初めからうまくはできません。特に子どもは、手の調整力がまだ発達していないので、ゆっくり、繰り返し練習するようにしましょう。一度うまくできると、こつがわかって一気に上達します。
　子どもは①のほうがやりやすいようです。

①前に反動をつけて玉を振って、カップで受けます。 
②カップの下に玉を静止させ、一気に真上に引き上げてカップで受けます。

第3章　手づくりおもちゃで遊ぼう

手づくりおもちゃで遊ぼう
ペットボトルで万華鏡

カラーアルミテープやオーロラフィルムで作る、1歳児でも遊べる万華鏡です。

(1〜5歳児)

● 用意するもの
ペットボトル（500cc）、カラーアルミテープ、オーロラフィルム、カラーセロハン、ストロー、ハサミ、色砂、水性フェルトペン（かけなくなったもの）など

● 作り方
①カラーアルミテープとカラーセロハンは、いろいろな太さや長さに切ります。星型やハート型にしてもよいでしょう。オーロラフィルムは少し大きめに切り、手でクシャクシャにしてまた広げます。ストローは2・3mm程度に細かく切ります。

②切り終わったらペットボトルの中に入れます。最後に色砂を入れてもよいでしょう。水を8・9分目まで入れて、ふたを閉めたらできあがりです。

● 遊び方
手で持ってくるくる回したり、転がしたりして遊びます。ひっくり返すとセロハンはゆっくり回り、色砂はゆっくり落ちていきます。黒の色砂は濁った感じから透き通った感じへ、白だと雪のように落ちていきます。ストローは浮かんでいきます。光に透かすととてもきれいです。

● アレンジ
アルミテープやオーロラフィルムのきらきらした質感や、カラーセロハンの透明感の重なりぐあいがきれいです。中に入れるものもいろいろ工夫してください。例えばかけなくなった水性フェルトペンを水につけると、スーッと色が溶け出します。

● ポイント
それぞれの年齢に応じて遊べます。1・2歳児には、セロハンなどを切ってあげましょう。ヒラヒラ、ハラハラ、ポトン、ペタン、パタンと、落として入れることを楽しむでしょう。

第4章　＊＊＊＊素材で遊ぶ・自然で遊ぶ

触覚体験・直接体験・自然体験の大切さ

- **触覚体験・直接体験の大切さ**

　水あそび、砂あそび、泥んこあそびなど、いろいろなものに触れてみたり遊んでみたりする触覚体験、直接体験は、乳児・幼児期においてはとても大切な体験活動なのです。いろいろなものに触れたり、遊んだり、素材を使って作る活動の中から、「水とは何？」「木とは何？」と、ものの性質、特徴、機能、用途などを感覚的に体得していくのです。そのことが、創造したり、工夫したり、応用したりする造形活動の基礎となるだけでなく、「生活する力」や「生きる力」につながっていきます。

- **自然体験を楽しもう**

　子どもの周りに自然が少なくなってきましたが、それでも探せば、自然はまだいっぱいあります。風と戯れてみたり、空を仰いでみたり、野外を散歩したり、草花を摘んだり、心がけしだいで、けっこういろいろな自然の体験ができます。
　自由保育や造形活動の中で、たっぷりと自然を体験する機会をつくりましょう。子どもは好奇心の塊です。いろいろなものに触れ、いろいろなものと格闘していく中で、子どもは成長発達していくのです。

素材で遊ぶ・自然で遊ぶ

水あそびいろいろ

水あそびは、夏の代表的なあそびです。
しかしここでは、夏以外にもできる水あそびを紹介します。

色水あそびをしよう　　(3～5歳児)

　身近にある植物をすりつぶして、いろいろな色水を作ってジュース屋さんごっこを楽しみましょう。

●用意するもの
葉っぱや花、野菜や果物など、食紅(赤、水色、黄、緑)、すり鉢、ボウル、ポリ袋、ざる、ペットボトル、じょうご(ろうと)

●作り方
①園庭の葉っぱや花などを、すり鉢ですりつぶします。ポリ袋に入れて、もんでもよいです。
②ボウルなどに少量の水を入れ、水の中でももみます(ポリ袋の場合は、直接水を入れます)。
③できた色水をざるでこし、ペットボトルなどに入れ、適当な濃さになるまで水を足していきます(色水は透明な容器に入れて、きれいな色を見て楽しみましょう)。
④欲しい色が出せないときは、少量の食紅(赤、水色、黄、緑がある)を水で溶いて使いましょう(色が濃くならないように、薄めに作ります)。

いろいろな色を混ぜて、混色を楽しもう。

葉・花をもむ。　→　ざるでこす。　→　ペットボトルに入れて保存する。

●ポイント
色水あそびは、混色のしくみを知っておくとおもしろいです。
　赤(イチゴ)＋青(ブルーハワイ)→紫(ブドウ)
　青(ブルーハワイ)＋黄(バナナ)→緑(青汁)
　黄(バナナ)＋赤(イチゴ)→橙(ミカン)

シャボン玉　　(3～5歳児)

　シャボン玉は子どもたちの大好きなあそびです。ここでは液の作り方、大きなシャボン玉の作り方を紹介します。

●用意するもの
針金、毛糸、ビニールテープ、大きめの洗面器、台所用合成洗剤、合成洗濯のり、あればグリセリン

●シャボン液の作り方
　以下の割合で混ぜます。台所用合成洗剤(海面活性剤30%以上)1：合成洗濯のり(P.V.A)3～5：水10(あればグリセリン少々、0.3くらい)

●枠の作り方
①針金を輪にし、輪の周囲に毛糸を巻きつけ、ビニールテープで留めます。
②ねじって持つ所を作り、L字型に曲げて形を整えます。

●遊び方
　大きめの洗面器に作ったシャボン液を入れ、毛糸を巻いた枠を浸けます。枠にシャボン液の膜が張ったら、そっと吹いてみたり、そのまま大きく手で振ったりしましょう(78・79ページの『シャボン玉あそび』参照)。
※ストローなどを使って、口では吹かないようにしましょう。

・針金で輪を作る。
・輪に毛糸を巻く。
・持つ所にビニールテープを巻く。

●ポイント
シャボン液は環境を汚す恐れがあるので、必要な量だけ作りましょう。

シャワーブロックで遊ぼう

(4・5歳児)

水道水を二方向へ分けるＹ字接手を使った造形あそびです。いろんな形につないで、おもしろ噴水を作りましょう。

●用意するもの
水道ホース（内径15mm）、水道パイプ（塩化ビニール）、Ｙ字接手、ホース取りつけバンド、電気ドリル（直径1.5mmの刃）…すべてホームセンターなどで売っています。

●作り方
①水道ホースと水道パイプを適当な長さに数本切り、電気ドリルで穴を空けておきます。穴の間隔は4cmを目安にするとよいです。

②水道ホースに水道パイプをしっかりと差し込んで（穴の空いた側が、すべて上になるように）、取りつけバンドで締めつけます。水道パイプ3本をつないだらＹ字接手につなぎ、三角形にします。

③水道ホースとＹ字接手を使って、自由な形に組み合わせましょう。ホースの柔軟性を利用して、丸形を基本にいろんな形を作りましょう。頭にかぶって噴水シャワー、手につけて光線銃、大きな輪を二重三重に組み合わせて…。

●ポイント
- 穴は真ん丸く、同じ方向から空けるときれいな噴水になります。
- 電気ドリルで穴を空けるときは、ホースやパイプを貫通してしまわないように、気をつけましょう。
- 電気ドリルは子どもには触らせないようにし、使った後は必ずかたづけましょう。置きっぱなしにしないように！
- ホース取りつけバンドは、水道パイプにホースを取りつけるときに使います。

第4章 素材で遊ぶ・自然で遊ぶ

素材で遊ぶ・自然で遊ぶ
シャボン玉あそび

「シャボン」はポルトガル語でせっけんの意味です。
子どもたちといっしょに、シャボン液から作って遊びましょう。

シャボン液作り (4・5歳児)

固形せっけんをすりおろしたり、水の量を加減したり、いろいろ試しながら自分たちでよく膨らむシャボン液を作るところに、大きな意味や喜びがあります。

●用意するもの●
固形せっけん、おろし金、お湯（70℃くらい）、耐熱性のボウルなど、計量スプーン、砂糖（またはグリセリン、ガムシロップ）

●作り方●
①固形せっけんをおろし金ですりおろします。
②すりおろしたせっけん4～5g（大さじに軽く一杯）を200ccの熱めのお湯（70℃くらい）で溶かしたところに、砂糖小さじ一杯をごく少量のお湯でよく溶かして入れます。砂糖の代わりにグリセリン3・4滴、またはガムシロップ小さじ一杯を入れてもよいでしょう。
③混ぜ合わせた直後の液はシャボン玉が膨らみにくいので、15分くらい寝かせてから使いましょう。徐々に液に粘りが出てきます。

●アレンジ●
シャボン玉の表面の色をよくするには、ラム酒小さじ半分弱を入れます。大きなシャボン玉を作るための粘りを出すには、粉ゼラチン1～2gまたは合成洗濯のり（P.V.A）小さじ一杯を入れます。ほかにもどんなものを入れたらよいか、配合をいろいろ試してみましょう。

●ポイント●
- シャボン玉は汚れに弱いので、容器や道具はきれいに洗っておきましょう。
- ベストな配合の分量は、固形せっけんの成分や、気温や湿度によっても変わるので、いろいろ試してみましょう。

飛ばす道具作り（シャボン玉）

シャボン玉を飛ばす道具もいろいろと工夫して作ると、楽しさも倍になります。

●用意するもの●
ストロー（直径7mm）、紙コップ、古はがき、トイレットペーパーのしん、画用紙、モール（直径6mm長さ30cm）、ハサミ、セロハンテープ、千枚通し、輪ゴム

●作り方●
①ストローはそのままでも使えますが、ハサミでストローの先4～6か所に2cmくらい切り込みを入れ、開いたものを使うと、大きなシャボン玉ができます。何本か束ねて輪ゴムで留めると、小さなシャボン玉がいっぱいできます。
②トイレットペーパーのしんや、古はがきを丸めて輪ゴムで留めたものを使ってもよいでしょう。
③もっと大きなシャボン玉を作るなら、紙コップの底に千枚通しでストローより小さめの穴を空け（必ず保育者が空けます）、①の先を開いたストローを紙コップの内側から差し込んで、セロハンテープで留めます。
④モールを空き瓶などに巻いて直径5～6cmくらいの輪にしてねじるだけで、簡単に大きなシャボン玉用の枠ができます。

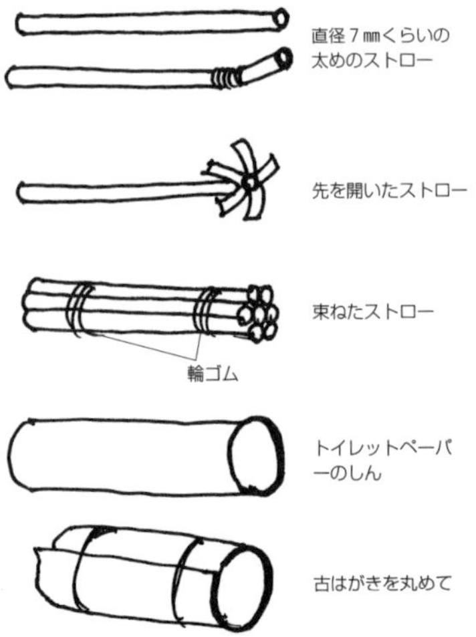

遊び方

(3〜5歳児)

●遊び方
① ストローで大きなシャボン玉や連続してシャボン玉が作れるようになったら、紙コップやトイレットペーパーのしん、モールの輪を使って、大きなシャボン玉に挑戦しましょう。
② 輪を使って作るときは、お菓子の缶のふたや食材の発泡トレイなど、浅くて広い容器に液を入れます。
③ 輪を使っているとき、風に吹かれてしぜんにシャボン玉が次々とできることもあります。そっと吹いたり横やや斜めに軽く振って、シャボン玉が膨らんだら手を返すようにひねると、輪から離れます。
※シャボン液は、78ページを参照してください。

●アレンジ
シャボン液に、少量の水でよく溶いた水彩絵の具を混ぜてみましょう。

泡ムースのお菓子屋さん
プリンやゼリーなどの透明の空きカップに、色のついたシャボン液を少量入れ、ストローでできるだけ細かくブクブク泡立たせます。泡の上に花びらや葉っぱなどを飾って、お菓子屋さんごっこが始まります。

はじき絵あそび
ストローでシャボン玉ができたら、飛ばさずに画用紙の上に載せてはじかせましょう。色とりどりのシャボン玉の跡が重なって、美しい模様ができます。

(4・5歳児)

千枚通し

先を開いたストローを内側から差し込んで、セロハンテープで留める。

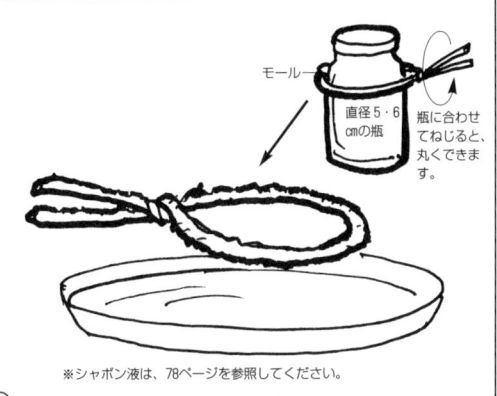

モール

直径5・6cmの瓶

瓶に合わせてねじると、丸くできます。

※シャボン液は、78ページを参照してください。

●アレンジ
ジャンボシャボン玉
針金ハンガーを丸くして、モールや布を巻きつけます(持ちやすくするために、ハンガーの掛ける所にも布を巻きます)。大きなシャボン玉を作って、子どもたちを喜ばせましょう。

●ポイント
・ ストローは太いものがよいです。
・ 針金で輪を作ることもよくありますが、子どもにはモールのほうが簡単に作れて便利です。

素材で遊ぶ・自然で遊ぶ

砂山で遊ぼう

砂山アートを楽しもう　　　　　　　　　　　　　　　　（3～5歳児）

通常砂山は、作ることが主になりますが、このあそびは、水を使って作った砂山をおもしろい形に崩すことがあそびの中心になります。

● **用意するもの**
スコップ、バケツ、やかん、じょうろ

● **遊び方**
① 砂場で砂に水をかけ、固めながらできるだけ大きな砂山を作りましょう。
② 砂山ができたら、やかんやじょうろなどで水をかけ、思い思いの形に崩していきましょう。

● **ポイント**
崩したできた形のおもしろさを楽しむあそびですが、水をかけながら、リアルタイムに崩れていく（変化していく）砂山の形も楽しみましょう。

砂山のタウンを作ろう①　　トンネル編　　　　　　　（4・5歳児）

● **用意するもの**
スコップ、バケツ、おもちゃの車や船

● **遊び方**
① 砂場で砂に水をたっぷりかけ、表面をたたいて固めながら、じょうぶな砂山を作りましょう。
② 砂山ができたら、山の両側からスコップでトンネルを掘り進めましょう。
③ トンネルがつながったら、トンネルから溝を掘り進めて、川や道に見たてましょう。川に水を流したり、トンネルをくぐって向こう側まで車や船を走らせましょう。

砂あそびは、ダイナミックな集団あそびができます。

● **アレンジ**
砂山の表面をスコップで掘り、らせん状の溝や丘を作って、頂上から泥だんごを転がしてもおもしろい。
トンネルは、小さい穴から少しずつ大きくしていきましょう。

●砂山で遊ぼう●

砂山のタウンを作ろう②　橋・川編　　（4・5歳児）

●用意するもの●
スコップ、バケツ、木の板、車や船に見たてた木片・ペットボトルなど

●作り方●
① 砂場に溝を掘って川を作り、川を挟んで両側に小山を作りましょう。
② 両方の小山に板を置いて橋を架けましょう。

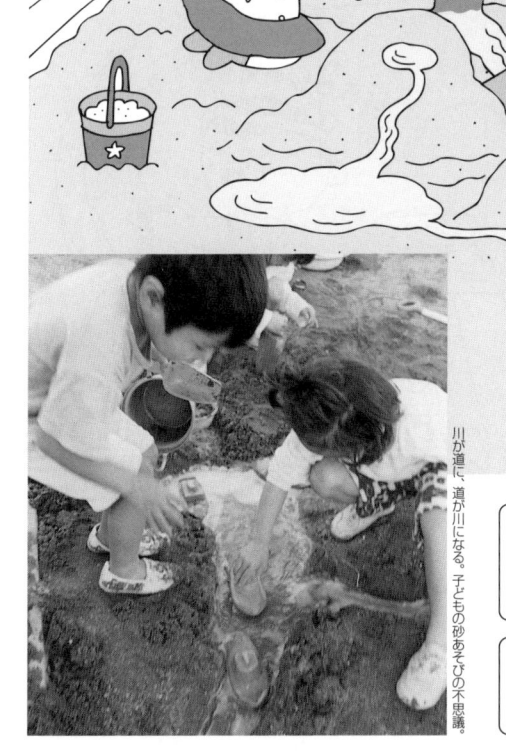

川が道に、道が川になる。子どもの砂あそびの不思議。

●アレンジ●
- 川の先には池や別の山などを作って、どんどん街を広げていきましょう。おもちゃの車を走らせたり、川に船を浮かべてみても楽しいでしょう。
- 慣れてきたら両方の砂山を少しずつ傾けていき、くっつけて橋やトンネルを作りましょう。

●ポイント●
- くずれやすいときには、いろいろ工夫してみましょう。
- 粘土質の土を混ぜて使ってみましょう。
- 小山に木の板を渡して、その上に砂をかぶせましょう。
- 砂山トンネルを作ってから、山の頂上を平らにしてもできます。

第4章　素材で遊ぶ・自然で遊ぶ

素材で遊ぶ・自然で遊ぶ
泥で遊ぼう

土と水の量を調節することでできる泥は、いろいろな表情を見せます。この性質を使っていろいろなあそびをし、自然環境と仲よくなりましょう。

お店屋さん

(3～5歳児)

お好み焼き屋さん

●用意するもの
フライパン、フライパン返し、木の板、皿、花、葉っぱ、草

●遊び方
　柔らかいとろとろの泥にすれば、お好み焼きやホットケーキ作りができますよ。フライパンや板の上にとろーりと伸ばし、手やフライパン返しでぺたぺた伸ばす感触はとっても気持ちがいい。とってきた葉っぱを細かくして、薬味にしましょう。
　水の量を少し減らせば、ハンバーグもできますよ。フライパン返しでうまく返せるかやってみましょう。

おすし屋さん

●用意するもの
木の板、鍋、皿、花、葉っぱ、木の実、草、小石

●遊び方
　もう少し土を加えて、水っぽい粘土くらいの柔らかさにします。両手でぎゅっぎゅっと固めると、すし飯のようになります。身近で見つけた違う色の土を載せたり、草や葉っぱでくるんだりすれば、おすしのできあがり。

●アレンジ
鍋に柔らかめの泥を作り、小石や花を入れて「カレー屋さん」など、工夫しだいでどんどんあそびが広がります。

●泥で遊ぼう●

アース(地球)ケーキを作ろう　　　　　　　　　　(4・5歳児)

型抜きができたら、それをスポンジに見たててオリジナルケーキを作りましょう。
アースケーキとは、地球を材料にして作る土ケーキ。いろんなアースケーキを作って、地球と仲よしになりましょう。

●用意するもの
プリンやゼリーのカップ、ボウル、レモンせっけん、チーズおろし、泡立て器、ポリ袋、絞り口、花、葉っぱ、木の実、草など

●作り方
①土に水を加え、プリンカップなどで型抜きをします。
②レモンせっけんをチーズおろしで削ったものをボウルに入れ、水を少しだけ加え(せっけん1/2:水約400cc)、泡立て器でクリーム状の泡(できるだけ固いクリームにする)を作ります。
③絞り口をつけたポリ袋にクリームを入れ、①で型抜きをした土のケーキをデコレーションして、季節の草花をトッピングしたらアースケーキのできあがり。

内側に出っ張りがなく、こういう形のものが抜きやすい。
こういう形のものは抜きにくい。

●アレンジ
必要に応じて少量の食紅を加えると、イチゴクリームやブルーベリークリームができます。

世界に一つのアースケーキ。

アース(地球)タコ焼きを作ろう　　　　　　　　　　(4・5歳児)

●用意するもの
いろいろなお皿やお盆、レンガの粉(赤レンガをコンクリートの上で削って粉にしたもの)

●作り方
粘土の割合が多くてねばねばした泥になったら、おだんごやドーナツなど、いろいろな食べ物を作りましょう。
アースケーキで作ったせっけんクリームを、マヨネーズに見たててタコ焼きにかけたり、レンガを細かくした粉をドーナツにかけるとおもしろいです。

せっけんクリームを、マヨネーズに見たてるとおもしろい!

第4章　素材で遊ぶ・自然で遊ぶ

素材で遊ぶ・自然で遊ぶ

土粘土で遊ぼう

粒子の細かい土粘土は感触もよく、泥に比べてさらに多様なあそびができる絶好の造形材料と言えます。本物の土粘土に触れて遊ぶことで、自然とかかわる力が鍛えられます。

土の粘土で遊ぼう

ニンジン星人　　　　　（3〜5歳児）

ニンジン星人を作ろう

●用意するもの
土粘土(ひとり500gくらい)

●作り方
粘土を丸くして「粘土の卵」を作ります。丸い卵を転がし、ニンジンの形にします(卵から宇宙人が生まれたよ！)。
その後目と口を作り、手などをひねり出しすると、ニンジン星人のできあがり！！

くぼみをつけて、粘土の玉を入れる。

どこまで伸びるかゲーム

●遊び方
作ったニンジン星人がどこまで伸びるか、ゲームをしてみましょう。「よーい、どん！」で、どんどん上へと伸ばしていき、「ストップ」で手を離します。倒れないで、いちばん背の高いニンジン星人を作った人が勝ち！

粘土の塔

●用意するもの
土粘土(ひとり500gくらい)

●遊び方
今度は伸ばした粘土を三つくらいにちぎって組み合わせて、粘土のモニュメントを作ってみましょう。立体的な空間感覚を養うあそびとして、楽しく作りましょう。

●アレンジ
モニュメントができたら、友達同士のモニュメントを並べてつないで、町に発展させるとおもしろいです。

ふたやフォーク、おはしなどを使って、いろいろな模様をつけましょう。

顔はんこを作ろう　　　　　　　　　　　　　（4・5歳児）

ホットプレートで簡単に焼ける、顔はんこを作りましょう。

●用意するもの
土粘土、粘土べら、丸ばし（フランクフルトに刺す木の棒）、さいばし、ホットプレート、アルミホイル、ストロー

●作り方
① はんこ面が一辺約1.5cm以内の直方体を作ります（直径2cm以内の円柱や円錐でもよい）。
② 丸ばし（または割りばしの先を鉛筆削りで少し削ったもの）ではんこ面を押すようにして目や口をかき、顔を作ります（笑った顔、怒った顔、泣いた顔など、いろんな表情にすると楽しい）。
③ ホットプレートを100℃以内の温度に設定し、アルミホイルを敷き、はんこをさいばしでコロコロ転がしながら、少しずつ均等に乾燥します。
④ はんこが白く乾燥してきたら、200℃くらいの高温にし、30分くらい焼いてできあがり。焼けば焼くほど固くなります。子どもの手が届かない所に置いて冷ましましょう（ホットプレートの電源を切っても、温度が下がるまで保育者は目を離さないようにしましょう）。

ひもを通すとペンダントにもなる。

やけどに注意!!

ベル人形を作ろう　　　　　　　　　　　　　（4・5歳児）

●用意するもの
土粘土、かぎべら（またはピアノ線）、ストロー、新聞紙、テグス（またはたこ糸）

●作り方
① ニンジン星人の要領で、粘土の人形をひねり出して作ります。
② かぎべら（またはピアノ線を輪にしたもの）で中の粘土をかぎ取ります（5〜7mmの厚みになるように）。余った粘土で親指大のしずくの形を作り、ベルを鳴らす玉にします。
③ 人形の後ろにストローで、ひもを通す穴を二つ空けます。玉にも穴を一つ空けておきます。
④ 人形の中に水分を吸わせるための新聞紙を詰めて、日陰の風通しの良い所で4〜5日粘土を乾燥させた後、800℃で素焼きにします（専門の業者にお願いしましょう）。
⑤ テグスで玉をつなぐとベル人形の完成。

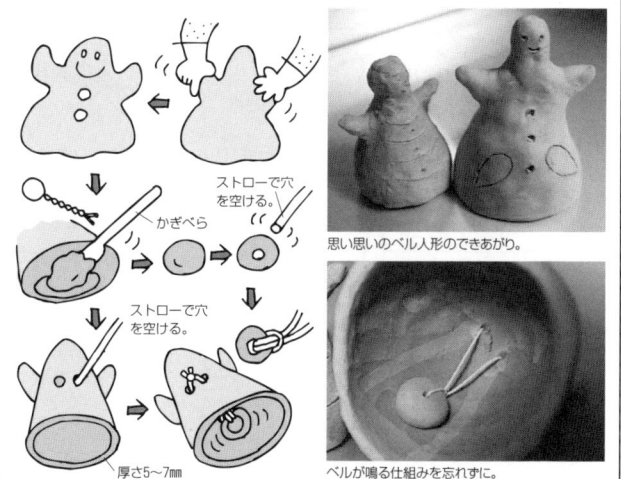

ストローで穴を空ける。
かぎべら
ストローで穴を空ける。
厚さ5〜7mm

思い思いのベル人形のできあがり。

ベルが鳴る仕組みを忘れずに。

素材で遊ぶ・自然で遊ぶ
軽量粘土を使って

アイスクリームやケーキ作りをしましょう。
バニラエッセンスなどを入れれば、本物そっくり！

(4・5歳児)

●用意するもの
軽量粘土、水彩絵の具（チューブ入り）、粉絵の具、色砂、粘土べら、水、タオル、バニラ・レモン・オレンジエッセンス、オーロラフィルム、ケーキなどの写真、カッターナイフ

●作り方
①ケーキなどの写真を見て、イメージ作りをします。軽量粘土に絵の具を練り込み、素材を作ります。粉絵の具や色砂を練り込むと、表情が違ってきます。
②マーブリングをしたり、水を混ぜてクリーム状にすることもできます。いろいろな色がついた粘土を組み合わせて巻いて、ロールケーキや巻きずし、金太郎あめを作ることもできます。ひもやカッターナイフなどで断面を切ると、新しい模様が出てきます（カッターナイフは保育者が使います）。
③エッセンスは絵の具といっしょに練り込みます。できたケーキにクリーム状にしたもので飾りつけたり、色砂をかけると、とてもおいしそうになります。オーロラフィルムやカラーセロハンに載せてできあがり。

●遊び方
ケーキ屋さんごっこなどをして遊びましょう。また食べ物に限らず、生き物や花で、動物園や水族館、花畑を作って展示しましょう。

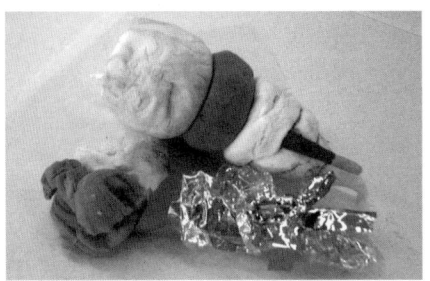

アイスクリームだよ。

ケーキ。いいにおいがします。

●ポイント●
- チョコレートなどは別ですが、あまり色を濃くしすぎないことがおいしそうに見せるこつです。
- 小さい子どもが、まちがって食べないように気をつけましょう。

素材で遊ぶ・自然で遊ぶ
スライムあそび

いろいろな柔らかさのスライムを作る

手のひらに載せておくとゆっくり垂れて落ち、またプルンと塊になります。液体の性質である粘性と、固体の性質である弾性の両方を併せ持っているので、「粘弾性物質」と呼ばれています。この不思議な物質を作って遊びましょう。(3〜5歳児)

●用意するもの●
P.V.A（ポリビニールアルコール＝水に溶けるプラスチック）配合の洗濯のり、ホウ砂（薬局に売っています。口に入れると危険ですが、目を消毒したりする薬品なので肌に触れてもだいじょうぶですが、取り扱いには十分注意しましょう）、水彩絵の具、フィルムケース3個、紙コップ1個、割りばし、ペットボトル（350〜500ccくらいのもの）、お湯、ポリ袋、アート紙（またはカラー広告チラシ）、水性フェルトペン

●作り方●
① ペットボトルに250ccのぬるま湯を入れ、約25gのホウ砂を溶かして飽和溶液を作ります（水10：ホウ砂1）。底にホウ砂が少し溶け残るくらい多めに入れ、よく溶かしてください。
② フィルムケースを使って計量するので、洗濯のり用、絵の具水用、ホウ砂水用と分けておきます。
③ 紙コップに洗濯のりをフィルムケース一杯（約30cc）、絵の具を溶かしたお湯二杯を入れ、割りばしでよく混ぜ合わせます。
④ ③をよく混ぜた後、ホウ砂水フィルムケース1/4(6.7cc)から1/2(15cc)を少しずつ入れていきます。紙コップの中の材料が完全に混ざり、適当なスライムになるには数分かかります。洗濯のりとお湯の比率を変えたり、ホウ砂水の量を変えたり、いろいろ試してみましょう。固さ、透明度、色の違うものなど、いろいろスライムを作りましょう。

●ポイント●
・水ではなくお湯を使います。
・洗濯のりと絵の具水をしっかり混ぜ合わせておくことが大事です。
・ホウ砂水の量を変えると、スライムの柔らかさが変わります。
〈比率〉
洗濯のり1：絵の具水2（お湯だけでもよい）
＋
ホウ砂水フィルムケース1/4→適度な柔らかさ
ホウ砂水フィルムケース1/2→非常に柔らかい

●遊び方●
① 少し柔らかめのクズもちくらいの感触のスライムを作ってみましょう。クニュクニュ、プルプル、とにかく気持ちいいです。
② 固めのスライムと柔らかすぎるスライムを、ポリ袋にいっしょにいれておくとどうなるかな？
③ 透明色のスライムと不透明色のスライムを混ぜ合わせると、どうなるかな？
④ 色の濃度の濃い絵の具水で色をつけた、不透明のスライム同士を混ぜ合わせてみたり、いろいろ違う色を巻きずしのように巻き込んで、模様を作ってみましょう。
⑤ アート紙（カラー広告チラシの裏でもよいです）などのつるつるした紙に、水性フェルトペンで絵をかき、上からスライムを押し当てて絵を写し取ってみましょう。

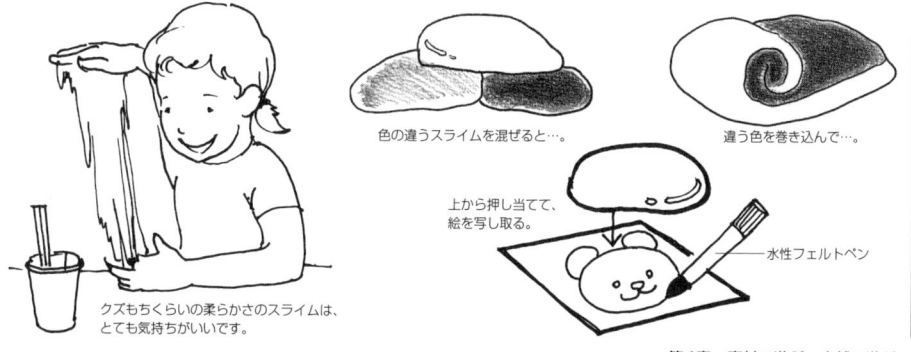

クズもちくらいの柔らかさのスライムは、とても気持ちがいいです。

色の違うスライムを混ぜると…。

違う色を巻き込んで…。

上から押し当てて、絵を写し取る。

水性フェルトペン

素材で遊ぶ・自然で遊ぶ
タンポポのあそび

わたぼうしを飛ばそう （1～5歳児）

●遊び方

吹くとパラシュートのように「わたぼうし」が飛びますよ。「タンポポさんは、風に乗って種を運ぶんだね」こんなひと言が科学の芽を育てます。

タンポポの笛 （4・5歳児）

●遊び方

タンポポの茎を3～4cm切って、図のように指で押しつぶします。2～3cm口にくわえて吹くと、弁が震えて笛が鳴ります。

押しつぶす。
3～4cm
弁

タンポポの風車 （5歳児）

●遊び方

タンポポの茎を4～5cm切って、図のように四つに裂きます。口に入れてつばで浸すと、少しずつ開いてきます（両側開いてもよいです）。スズメノテッポウの茎や竹ひごに通して息を吹きかけると「はい、風車」。タンポポは口にくわえても安全です。

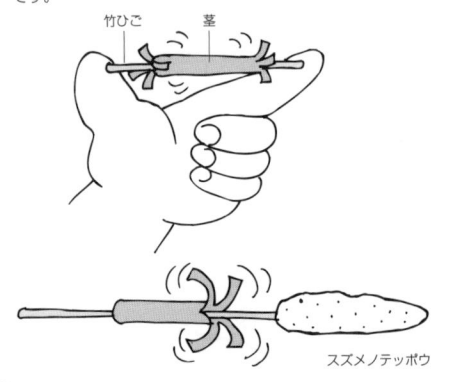

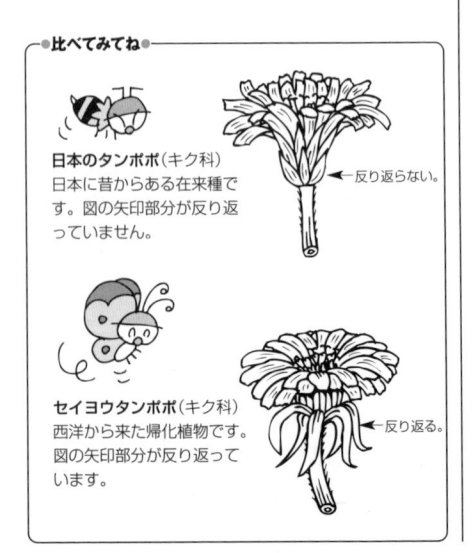

竹ひご　茎

スズメノテッポウ

比べてみてね

日本のタンポポ（キク科）
日本に昔からある在来種です。図の矢印部分が反り返っていません。
←反り返らない。

セイヨウタンポポ（キク科）
西洋から来た帰化植物です。図の矢印部分が反り返っています。
←反り返る。

素材で遊ぶ・自然で遊ぶ
エノコログサのあそび

(1〜5歳児)

エノコログサの穂で「毛虫だぞ!」

●遊び方

道端でよく見かけるエノコログサで遊びましょう。穂を友達の首筋やほおに当ててじゃれ合ったり、「けむしだぞ!」と言いながら追っかけっこをすると、一度に歓声が上がり、みんな仲よしになれます。

保育者と子どもの谷間も、一気に狭まります。おとなしい子どもや、あまり話をしない子どもとのコミュニケーションに最適です。

出てこい「毛虫」

●遊び方
①図のように、手のひらにエノコログサの穂を置きます。
②優しく握り、指の力を強めたり緩めたりします。
③手の中からエノコログサが、毛虫のようにニョキニョキ出てきますよ。

つけひげ

●遊び方

エノコログサの穂先の茎を、図のように縦半分に裂いて鼻の下につけると「つけひげだ!」。子どもは大喜びしてまねをします。

半分に裂く。

エノコログサ

第4章 素材で遊ぶ・自然で遊ぶ

素材で遊ぶ・自然で遊ぶ
ドングリで遊ぼう

●**用意するもの**
いろいろなドングリ、きり、竹ひご、つまようじ、油性フェルトペン

（4・5歳児）

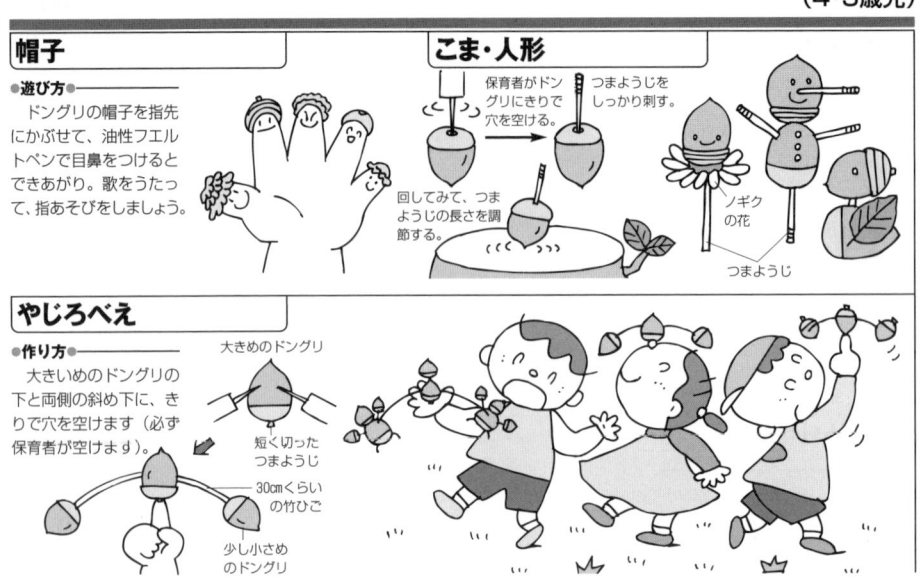

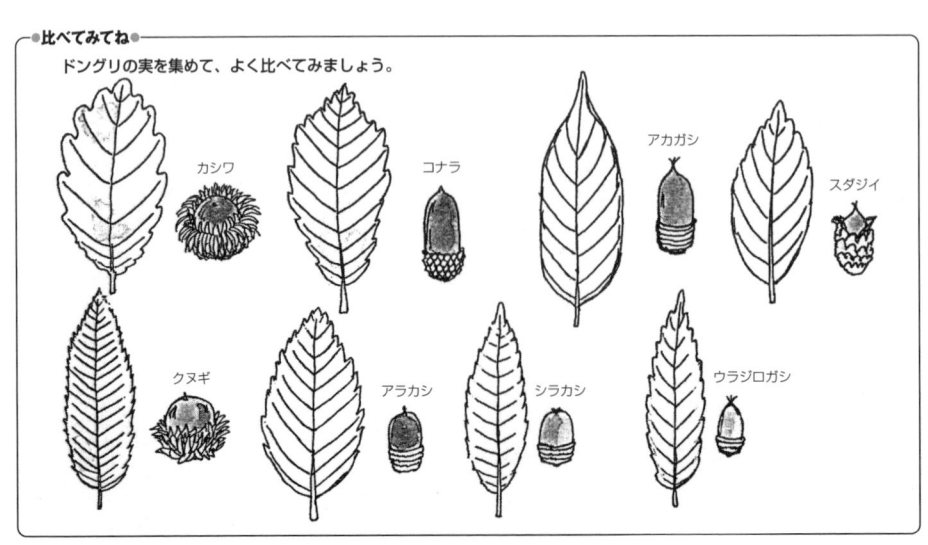

帽子

●**遊び方**
ドングリの帽子を指先にかぶせて、油性フエルトペンで目鼻をつけるとできあがり。歌をうたって、指あそびをしましょう。

こま・人形

保育者がドングリにきりで穴を空ける。
つまようじをしっかり刺す。
回してみて、つまようじの長さを調節する。
ノギクの花
つまようじ

やじろべえ

●**作り方**
大きいめのドングリの下と両側の斜め下に、きりで穴を空けます（必ず保育者が空けます）。

大きめのドングリ
短く切ったつまようじ
30cmくらいの竹ひご
少し小さめのドングリ

●**比べてみてね**
ドングリの実を集めて、よく比べてみましょう。

カシワ　コナラ　アカガシ　スダジイ
クヌギ　アラカシ　シラカシ　ウラジロガシ

素材で遊ぶ・自然で遊ぶ
「草笛」と「ササ舟」

(4・5歳児)

草笛

●遊び方

ササのような細長い葉を両手で図のように挟んで、両親指に唇を当てて強く吹くと、細長い葉が振動して、笛の音がします。技術がいるので、保育者が試して、うまく音が鳴るようになってから子どもに教えましょう。

ピーンと葉を張って持つことが大切です。

口を当てる所

カラスノエンドウの笛

●遊び方

保育者が試して、うまく鳴ってから子どもに教えましょう。種が大きい房を選びましょう。

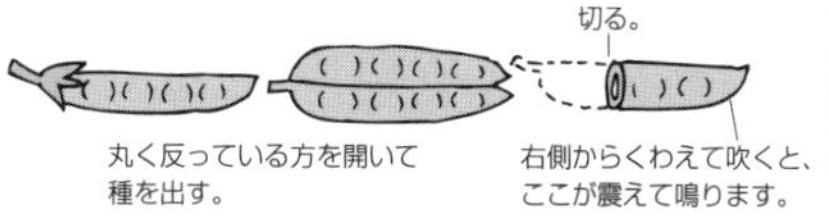

切る。

丸く反っている方を開いて種を出す。

右側からくわえて吹くと、ここが震えて鳴ります。

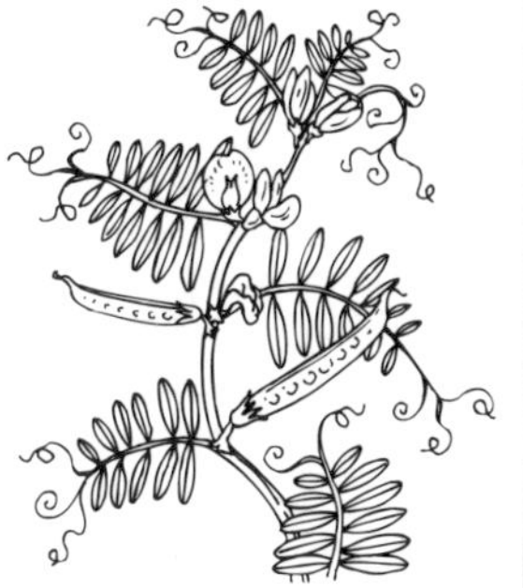

カラスノエンドウ(マメ科)

ササ舟・木の葉舟

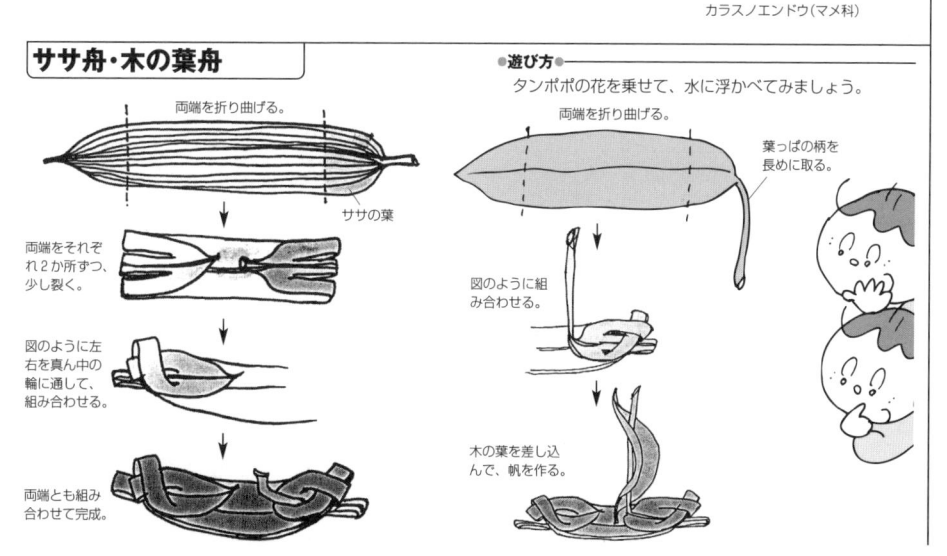

両端を折り曲げる。

ササの葉

両端をそれぞれ2か所ずつ、少し裂く。

図のように左右を真ん中の輪に通して、組み合わせる。

両端とも組み合わせて完成。

●遊び方

タンポポの花を乗せて、水に浮かべてみましょう。

両端を折り曲げる。

葉っぱの柄を長めに取る。

図のように組み合わせる。

木の葉を差し込んで、帆を作る。

素材で遊ぶ・自然で遊ぶ
木片あそび

子どもたちが大工さんにチャレンジ！
金づちを使ってトンテンカンテンとくぎを打つのは、とてもおもしろい感覚体験です。

形の異なる木片で遊ぼう　　　　　　　　　　（1～5歳児）

　不定形な形の木片が手に入れば、その特徴を生かしていろいろなあそびをしましょう。

●用意するもの
いろいろな形や素材の木片

●遊び方
①積み木あそび
　木片を組み合わせておもしろい形のオブジェを作ったり、倒れないようにできるだけ高く積み上げたりして遊びましょう。
②見たてあそび
　いろんな形が何に見えるか、見たてて遊びましょう。

●アレンジ
そのほか、木の香りなどの感覚的なあそびにも発展できます。

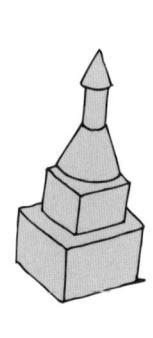

本物の素材は、子どもの感性を刺激します。

丸太でペンダントを作ろう　　　　　　　　　　（3～5歳児）

　太い木の幹や丸太（または、ペンダントに合う木片）が手に入れば、それを使ってペンダントを作りましょう。

●用意するもの
太い木の幹や丸太、いろいろな形や素材の木片、のこぎり、紙ヤスリ(400番くらい)、木工用接着剤、ヒートン、ひも、合成樹脂系フェルトペン

●作り方
①ペンダントに合う大きさの丸太（木片）をのこぎりで1cmくらいの厚みに切り、紙ヤスリで角を丸く削ります。
②丸太（木片）の縁にヒートンをねじ込みます。
③ヒートンに飾りひもをつけ、合成樹脂系フェルトペンで丸太（木片）に絵をかいてできあがり。小さな木片を木工用接着剤でつけて、目や鼻にしてもよいでしょう。

●アレンジ
貝殻などを使って、動物のペンダントを作ろう!!

●ポイント
のこぎりで切ったりヒートンをねじ込む作業は、子どもにはかなり難しいので、保育者がしてあげましょう。

●木片あそび●

動くおもちゃ　　　　　　　　　　　　　　　（5歳児）

直径6〜7cmくらいの丸太が手に入れば、とってもおもしろい動くおもちゃが作れます。
丸太は、地元に森林組合があれば、安価で入手できます。のこぎりで切ったときの香りの良さを感じましょう。

●用意するもの●

丸太（直径6〜7cmくらい）、のこぎり、電気ドリル（直径12mm）、水道パイプ（塩化ビニール、内径13〜15mm）、丸ラミン棒（直径12mm）、一文字金具、ヒートン、クランプ（下のポイント参照）、金づち、くぎ、くぎ抜き、きり（以上すべてホームセンターなどで売っています）、たこ糸などのひも

●作り方●

① 丸太を、幅15〜20cmに一つ（胴体用）、1cmに二つ（車輪用）切ります。
② 長い丸太の前から1/3の所に、のこぎりで深さ1cmのV字型の切り込みを入れます。
③ 車輪になる丸太の真ん中に、電気ドリルで直径12mmの穴を空けます。
④ 水道パイプ（内径13〜15mm）を丸太の直径と同じ長さに切り、丸太のV字の部分に一文字金具とくぎで、図のように取りつけます（くぎを打つときは、きりで下穴を空けておきます）。
⑤ 直径12mmの丸ラミン棒を丸太の直径よりも4〜5cm長く切り、図のように組み合わせて車輪を取りつけます。
⑥ 胴体の先にヒートンをつけ、たこ糸を結べば、引いて動くおもちゃのできあがり。

●アレンジ●

二輪の車がうまく作れたら、四輪車にチャレンジしてみましょう。

●ポイント●

- 電気ドリルの作業は、必ず保育者が行ないます。子どもには絶対に触らせないようにしましょう。
- 穴を空ける木の下に木端などを敷いておくと、机や床が傷つかず、また穴もきれいに空けられます。
- 木を押さえておくほうの手に軍手などをはめていると、ドリルに巻き込まれたりしてかえって危険です。できるだけクランプ（材料を作業台に固定しておける器具）を使いましょう。
- 一文字金具は、片方をくぎで固定した後、パイプに沿って金づちでたたくとよいです。

第4章　素材で遊ぶ・自然で遊ぶ

素材で遊ぶ・自然で遊ぶ
草木染めをしよう

草木染めは、自然の恵みをもらい、毎日の生活を彩る優れた文化です。土あそびと並んで、21世紀にぴったりなエコロジカルな教材と言えます。

アサガオの色水で染めよう　　(4・5歳児)

●用意するもの
アサガオなどの花、すり鉢、ポリ袋、ボウル、ざる、皿または食材の発泡トレイ、和紙、画用紙、新聞紙、ハサミ、のり、絵の具、筆

●遊び方
① アサガオなどの花の汁を絞って、色水を作ります（76ページ参照）。色水はできるだけ濃いめにしましょう。
② 正方形の和紙を二つ〜三つ折りにして、色水を入れた皿に浸けて染めましょう。
③ 和紙を新聞紙の上に広げて乾かし、アサガオの花の形に切ります。
④ 画用紙に絵の具で葉やつるをかいたら、③をはりつけてアサガオのできあがり！

一つの染めからイメージが広がります。

藍の葉っぱでたたき染めをしよう　　(4・5歳児)

●用意するもの
新藍の葉っぱ、新聞紙、白布（厚手の綿布）、ビニール（できれば2〜3mm厚）、木づち（または金づち）、(染色用)パス

●遊び方
① 10枚くらい重ねた新聞紙の上に白布（厚手の綿布がよいです）を敷き、その上にアイの葉っぱを好きな形に置いて、いろんな絵や模様を作りましょう。
② 好きな絵が作れたらビニール（できれば2〜3mm厚のもの）を重ね、葉っぱの上から木づち（または金づち）で軽くたたきます。
③ 白布に葉っぱの模様が写ったらできあがり。必要に応じて、(染色用)パスなどで絵をかき足してもよいでしょう。

あまり強くたたかないように。よい加減で。

タマネギでハンカチを染めよう　　　（5歳児）

身近に染められる代表的な草木染めの一つです。園や家庭でのカレー作りのときにタマネギの表皮をためるようにすれば、子どもたちの関心もさらに高まります。

●用意するもの
タマネギの表皮、大きめの鍋、大きめのボウルまたはバケツ、ハンカチ（白色で綿か絹）、さらし（綿布）、はかり、輪ゴム、焼き明ばん(薬局で売っています)

●遊び方
①染めるハンカチとほぼ同じ重さのタマネギの表皮を鍋に入れ、表皮がひたひたになるまで水を張り、煮汁が濃くなるまで（30～60分）煮ます。
②さらしを二重にし、煮汁をこします。
③①と同じ作業をもう一度行なって二番出汁を作り（急ぐときは①のみ）、①の煮汁と鍋で合わせます。
④ハンカチ（のりを利かせていないもの）に黒豆（できるだけ新鮮なもの）を3～4個入れて、輪ゴムで縛ります。好きなだけ作りましょう。
⑤④を③の煮汁に入れて、ハンカチにタマネギの色がうつるまで（30～60分）煮ます。
⑥冷めたらハンカチを軽く絞り、明ばん（焼き明ばん）を溶かした（100ccに対して3g）液に浸け、色を鮮やかにする媒染処理を行ないます。
⑦軽く水洗いし、輪ゴムを外して乾かせばできあがり。

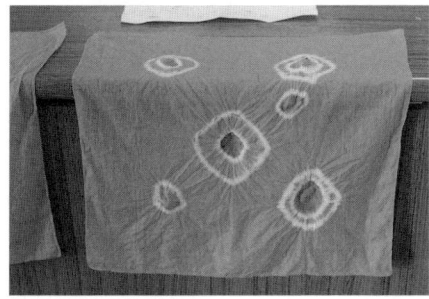

縛り方をいろいろ工夫してみました。

鮮やかなタマネギ染めのできあがり。

第4章　素材で遊ぶ・自然で遊ぶ

素材で遊ぶ・自然で遊ぶ
スチロール玉で生き物作り

子どもたちは、スチロール玉とつまようじで生き物作りをします。

(3～5歳児)

●**用意するもの**
いろいろな大きさのスチロール玉（梱包用のものでもよいです）、つまようじ、ボタン、ビーズ、羽根、わら、接着剤など

●**作り方**
① 一つのスチロール玉につまようじを刺し、反対側にも玉を刺してつなぎます。保育者がやって見せてあげましょう。

② 子どもたちに、ひとり10個から15個のスチロール玉を用意し、どんどんつないでいって生き物を作るよう促します。初めは雪だるまのようなものでもよいです。つないでいくうちにおもしろい形ができてきます。

③ いくつかつないだら、どんな生き物に見えるか聞いてみましょう。何かに見えてきたら名前をつけてもよいです。

●**アレンジ**
- ボタンやビーズ、ほかのものも接着剤でつけて、新しい生き物を作りましょう。接着剤が使えない子どもは、手伝ってあげてもよいです。
- コーナーに雪景色などのバックを作って、できた生き物たちを並べましょう。

第5章 ＊＊＊＊＊＊＊＊＊ものを作る活動

ものを作るときに

　いろいろな材料・用具を使っておもちゃを作ったり、飾るもの、使うものを作るとき、次のことに注意して取りかかりましょう。

①新しい教材を取り上げるときは、必ず一度作ってみましょう。自分で作ってみると、材料・用具が適切か、子どもがどこでつまずくか、何ができないか、何を支援するか、どこまで支援するか、できない子どもをどう支援するかなどが見えてきます。

②初めてハサミや金づちなどの用具や道具を使うときは、簡単な作業を伴った基礎的な学習をしてから、本来の活動に入りましょう。一度経験しておくと、子どもは自信をもって活動します。

③空き箱、牛乳パック、トイレットペーパーのしん、いろいろな容器など、家庭で出る廃物や廃材を分類して、常に倉庫や空き教室に保管し、必要なときにだれでも使えるようにしておきましょう。子どもに持ってきてもらうときは、2週間くらい前から予告しておきましょう。材料集めの達人は、造形表現保育の達人です。

④必要な材料・用具は、子どもの人数分確保していますか？　作業場所の確保はできていますか？　子どもが急に「せんせい、○○ある？」と言ってきてもすぐ出せるように、材料・用具は余裕を見て準備し、ほどほどに整理整とんしておきましょう。

⑤子どもの発達段階として、どこまでの活動ができるかを把握して活動に入りましょう。うまくできない子どもや、意欲がわかない子どもをどう支援するかを考えておきましょう。

⑥おもちゃの製作をした場合、作ったものでどう遊ぶか、活動や活用の場面をどう設定するかを考えましょう。

⑦製作などの立体造形は、保管場所と展示方法を常に考えておきましょう。作品はできるだけ効果的に、工夫して展示しましょう。子どもの喜びが倍増します。

ものを作る活動
風船あそび

子どもたちは、両面テープといろいろな色の小さな風船で、生き物などを作ります。

(3～5歳児)

●用意するもの
いろいろな色の小さな風船（ひとり12個、弾むくらいに膨らませます）、両面テープ、ハサミ、いろいろなボタン、切り紙、布など

●遊び方
①子どもたちに小さな風船を渡して、しばらく遊びます。そして、両面テープで風船をつなぐ方法を教えます。
②いろいろな組み合わせで、いろいろな形を作ります。子どもたちにことばがけをし、話し合ったりしながら想像力を膨らませましょう。
③風船にほかのものをつけて、別の生き物を作ります。ボタンや紙、布などをはりつけます。それぞれの風船は頭となり、胴体となり、手足となり、生き物のいろいろな部分になります。

●アレンジ
いくつかの風船の生き物を組み合わせることにより、新しい生き物ができあがります。

動物など(学生作品)

ものを作る活動
ロックアート

アクリル絵の具で、滑らかな石に絵をかきましょう。

(3〜5歳児)

● 用意するもの ●
滑らかな石（河原や海岸に落ちている丸い石など、各自に持って来るようにしてもよいです）、アクリル絵の具、筆

● 遊び方 ●
① 各自に滑らかな石を配ります。石を見たり触ったりして、子どもたちにどんな感じがするか、表面はどうか、などを訊ねます（近くに河原や海岸があれば、みんなで取りに行きましょう）。
② もう一度石を見直して、表面にどんな模様をかいたらおもしろいか話し合います。石の模様を生かして色づけしてもよいです。
③ 完成した石をプレゼントに使えるか、相談しましょう。

● アレンジ ●
1・2個の大きな石（滑らかなもの、でこぼこのもの）を用意し、「石の壁画作り」の共同製作に導入しましょう。石を組み合わせて、瞬間接着剤（保育者が使用）でくっつけます。作ったものはテーブルの中央に飾ってもよいです。また、さらに小さな石を組み合わせて、石の壁を作ってもおもしろいです。

第5章　ものを作る活動

ものを作る活動
紙袋を使って①

紙のおもちゃ

紙テープをほじほじ　　　（2・3歳児）

●用意するもの
ティッシュペーパーの空き箱（または輪ゴムで緩く口留めした紙袋）、シュレッダーで裁断した紙くず（白、広告チラシ、折り紙）、紙テープ（シュレッダーくずより幅広のもの）

●遊び方
①シュレッダーにかけて細いテープ状になった白紙や広告チラシや折り紙を、ティッシュペーパーの空き箱（または輪ゴムで緩く口留めした紙袋）に詰めておきます。紙テープの端ぎれも少し混ぜておいてください。
②保育者がゆっくりと少しだけ引っ張り出して見せ、興味をもたせるための援助をしてください。
③子どもは興味をもつと、少しずつ引っ張り出し（ほじほじ）を始めます。色違いのもの、幅違いのものなど、いろいろ出てくるのが楽しいようです。
④全部引っ張り出したら、今度は少しずつ入れてみましょう。

●ポイント
動作もさることながら、色・形に対する興味を引き出す身近なおもちゃとなります。

封筒で作るおもちゃ

動物の指人形　　　（3～5歳児）

●用意するもの
子どもの手首までがすっぽりと入る程度の封筒、フェルトペン、折り紙、画用紙、のり、ハサミ

●作り方
①封筒に手首まですっぽりと入れ、空いている手の指先を使って（イラスト参照）封筒の角をつまみ、折り目をつけましょう。頭と耳の部分の基本ができます（より大きな耳が必要な場合は、画用紙を切ってのりではりつけます）。
②フェルトペンでかき加えたり、折り紙を切ったりちぎったりしてのりではりつけ、いろいろな動物の顔を作ります。

●遊び方
できあがった動物を使って、指人形あそびに発展するよう援助しましょう。

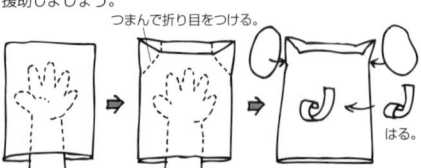

つまんで折り目をつける。

はる。

紙袋を使って①

大型紙袋を使って

紙袋のかぶりもの （5歳児）

● 用意するもの
子どもの頭がすっぽりと入る紙袋、折り紙、画用紙、カット綿、毛糸くずなど、ハサミ、のり、木工用接着剤

● 遊び方
① 頭にすっぽりと紙袋をかぶります。
② イラストを参考に、目や鼻や口の部分（切り取る部分）を保育者がマークします。
③ 紙袋を脱いで、子どもたちの活動が始まります。画用紙の角をつけたり、毛糸の髪の毛をつけたり、リボンをつけたり、王冠を載せたり、カット綿のひげをつけたり、それぞれに工夫をします。

穴を空ける。

紙袋の前面を切り取る。

● ポイント
- 子どもたちの希望をかなえるにはどんな材料が必要か、どんな方法が可能か、保育者は子どもの側に立って助言、援助してください。
- 紙袋の印刷が妨げになる場合は、保育者がていねいに裏返してください。裏は無地なので、子どもたちの表現のじゃまをしません。
- 木工用接着剤は乾くと透明になり、目だちません。

第5章 ものを作る活動

ものを作る活動
紙袋を使って② ― パクパク人形

身の回りにある封筒や紙袋が、たちまちおしゃべりする人形に大変身！ 口をパクパク動かして、お話をして遊びましょう。

封筒人形　　　　　封筒のパクパク人形　　（4・5歳児）

●用意するもの
茶封筒、白封筒、カラー封筒(長形3号など)、折り紙、毛糸など、ハサミ、のり、セロハンテープ、木工用接着剤、フェルトペン、パス

●作り方
① ハサミで封筒のふたを切り落とし、手になる2本の帯を切り離します。
② 封筒の底の角の部分をつぶして、耳にします。
③ 封筒の真ん中部分を起こして山折りし、ハサミで切り込みを入れて口を作ります。
④ 目をフェルトペンやパスでかき、手をセロハンテープやのりで封筒の後ろからはりつけます。
⑤ 毛糸の髪の毛を木工用接着剤ではりつけたり、折り紙を切って洋服をはったりしましょう。

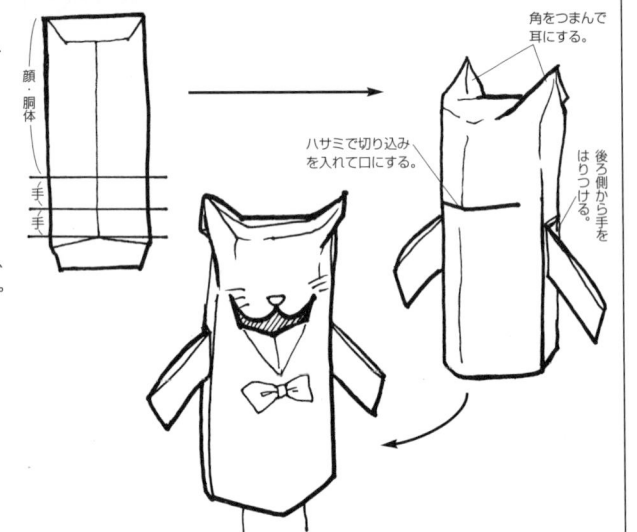

（図中ラベル：顔・胴体／手／角をつまんで耳にする。／ハサミで切り込みを入れて口にする。／後ろ側から手をはりつける。）

紙袋人形①　　　　紙袋のパクパク人形①　　（4・5歳児）

●用意するもの
マチ(厚みの幅)のある紙袋、色画用紙、ハサミ、のり、フェルトペン、パス

●作り方
① 紙袋を手にかぶせて、底のマチ部分をパクパク開く口(図参照)に見たてて指を動かし、動物や人物をイメージしましょう。
② フェルトペンやパスで顔をかいたり、色画用紙を切って耳や手をつけます。

●ポイント●
- 底に広いマチのある紙袋を選びましょう。
- かぶせて手をパーに開いたときに、ひじの少し上までが隠れるくらいの大きさの紙袋が扱いやすいです。
- 開いたときの口の色は、顔の色とはっきり違う色にすると、口の動きがよくわかります。

（図中ラベル：マチ／顔になる部分／パクパク動く口になる部分）

紙袋人形②

紙袋のパクパク人形②　　（4・5歳児）

●用意するもの●
マチ（厚みの幅）のある紙袋、紙皿、色画用紙、ハサミ、のり、木工用接着剤、フェルトペン、パス

●作り方●
① 紙皿を二つ折りにして、紙袋の底に木工用接着剤ではりつけます。
② 紙皿をパクパク動く口に見たてて、目、耳、鼻、手をかいたり、色画用紙を切ってはりつけたりしましょう。

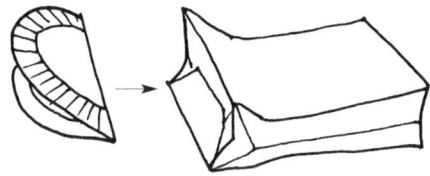

学生作品

学生作品

●ポイント●
開いた口（紙皿）の上下に、王冠やおはじきなどをセロハンテープで固定すると、口を閉じたときにカチカチ音がして楽しいです。

第5章　ものを作る活動

ものを作る活動
音の出るおもちゃ（折り紙で）

音って不思議でおもしろいですね。
小さな折り紙1枚からでも、こんなにいろいろな音を出して遊ぶことができます。

(3・4歳児)

紙笛

●用意するもの
折り紙、ハサミ、鉛筆、セロハンテープ
●作り方(①・②共通)
① 折り紙を1/3に折って、3枚の帯に切り離します。1枚が5cm×15cmの長方形の帯になります。

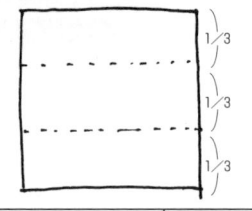

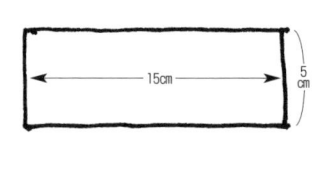

紙笛①

●作り方
② 両手で帯をそっと挟むように持ち、両ひとさし指ですき間を作って、息を吹き込みます。すき間を広くしたり狭くしたりして、どんな音になるか試してみましょう。

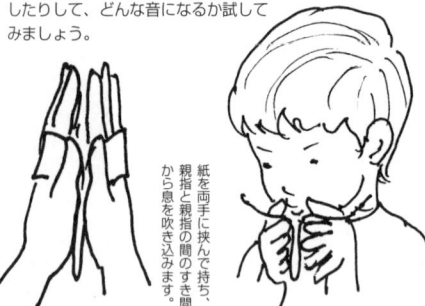

紙を両手に挟んで持ち、親指と親指の間のすき間から息を吹き込みます。

紙笛②

●作り方
② 帯を1/4に折ります。
③ 折れ線に沿って図のように山形に折り曲げ、山の部分にハサミで1～3か所穴を空けます。
④ 山をひとさし指と中指でそっと挟み、すき間に口を当てて息を吹き込みましょう。

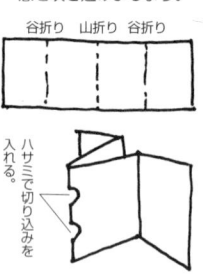

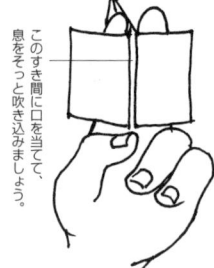

谷折り　山折り　谷折り

ハサミで切り込みを入れる。

このすき間に口を当てて、息をそっと吹き込みましょう。

紙笛③

●作り方
① 折り紙の角に鉛筆を当てて、ていねいに丸く巻きます。
② 最後まで丸めたら、端をセロハンテープで留めます。
③ 図のように、片方の端の両側から切り込みを入れ、三角形の部分を軽く内側に折ります。
④ もう一方の端はまっすぐに切り落とし、切り口にセロハンテープを巻いて吹き口にします。
⑤ 吹くのではなく、軽く息を吸い込むようにしましょう。三角形の部分が振動して音が出ます。

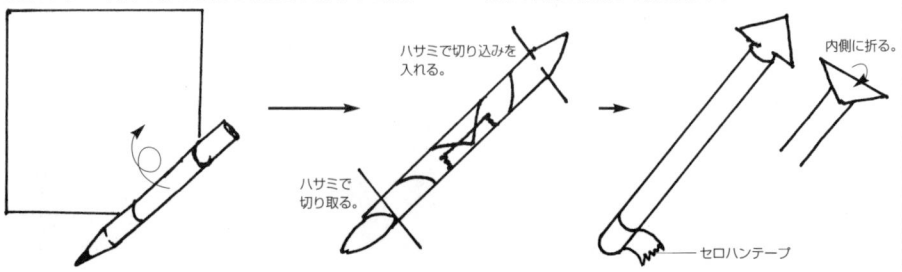

ハサミで切り込みを入れる。

ハサミで切り取る。

内側に折る。

セロハンテープ

音の出るおもちゃ(折り紙で)

動物笛 (4・5歳児)

イカ笛

●用意するもの
折り紙、ハサミ

●作り方
① 折り紙を三等分に折り、2/3の部分(10cm×15cm)を切り取って使います。
② 切り取った紙を二つ折りにし、それを軽く四つに折って、四等分の印をつけます。
③ 端から1/4の部分を、図のように少しだけ斜めに切り込みます。
④ 反対側から半分の所までハサミで細く切り込み、イカの足を作りましょう。
⑤ 吹き口をひとさし指と中指でそっと挟んで、息を吹き込みます。ビューという高い音が出ますよ。

半分の所まで切り込みを入れる。 斜めに切り取る。

ピューピュ〜

ペンギン笛

●用意するもの
折り紙、フェルトペン

●作り方
① 図のように折ります。
② ペンギンの顔や足をかきましょう。
③ 羽の部分を後ろに回し、ひとさし指と中指でそっと挟み、吹き口を作って息を吹き込みます。

段々に折り畳む。

後ろに折り畳む。

角を折り曲げ、頭を丸くする。目やくちばしもかいたりはったりしましょう。

裏返す。

ここに口を当てて息を吹き込みます。

第5章 ものを作る活動

ものを作る活動
手づくり楽器で演奏しよう

台所にある食器や廃材を使って、いろいろな楽器を手分けして作りましょう。弦楽器、打楽器、管楽器、みんなで手づくり楽器の演奏をしましょう。ユニークな材料で、あっというような楽器を作りましょう。

タンブリンいろいろ

針金と王冠や貝殻で　（3～5歳児）

●用意するもの
ビール瓶の王冠やプラスチックのふた、貝殻（二枚貝）、くぎ、金づち、やすり、針金（180番の太さ）、ビニールテープ、リボン、ハサミ

●作り方
①ビール瓶の王冠やプラスチックのふたに、くぎと金づちで穴を空けます。
②貝殻は図のように、コンクリート（またはやすり）でこすって穴を空けます。
③50～60cmの針金に王冠などを5～8個通し、少し揺すってみて、それでよければ針金をねじって持つ所を作りましょう。ねじった先には安全のため、ビニールテープを巻いておきます。
④持つ所などにリボンを巻いて、飾りをつけます。

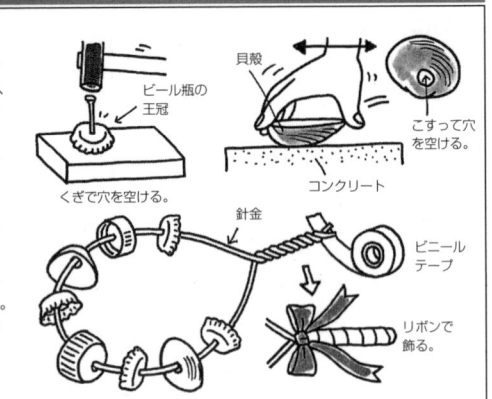

フィルムケースと針金で　（4・5歳児）

●用意するもの
フィルムケース（3～4個）、針金（180番の太さ）、3～5cmに切ったストロー、きりまたは千枚通し、豆、小石、ビニールテープ、リボン、ハサミ

●作り方
①フィルムケース3～4個の側面に、きりや千枚通しで穴を空けます（フィルムケースは、写真屋さんやプリントショップにあらかじめ頼んでおきましょう）。
②針金にフィルムケース、ストローを交互に通します。
③フィルムケースに豆や小石を入れてふたをします。
④針金をねじって持つ所を作りましょう。ねじった先には安全のため、ビニールテープを巻いておきます。
⑤持つ所などにリボンを巻いて、飾りをつけます。

鈴と紙皿やアルミ皿で　（4・5歳児）

●用意するもの
紙皿（2枚）またはアルミ皿、モール（6cmくらい）、鈴（6個）、きりまたは千枚通し、フェルトペン

●作り方
①紙皿（薄いので2枚重ねる）かアルミ皿の周り6か所に、きりや千枚通しで穴を空けます。
②皿の周りに、モールで鈴を外れないようにくくります。
③皿の裏表に、フェルトペンで絵や模様をかきましょう。

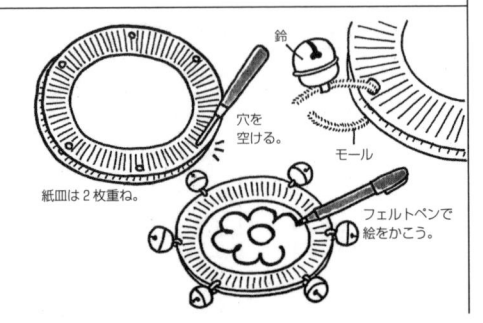

●手づくり楽器で演奏しよう●

マラカス・ガラガラ　　　　　　　　　　（1～5歳児）

●用意するもの
ジュースの空き缶(2個)、豆、小石、ボタンなど、ビニールテープ

●作り方
①ジュースの空き缶に、豆、小石、ボタンなど、音が出そうなものを入れましょう。
②空き缶を振ってみて、良い音が出るかどうか確かめて、入れる量を調節しましょう。
③ビニールテープでふたをします。
④ビニールテープを1～3周巻いて、飾りにしましょう。巻きすぎると音が悪くなりますよ。
⑤両手に一つずつ持って、リズムをとりながら振って演奏しましょう。

小太鼓　　　　　　　　　　　　　　　　　（5歳児）

●用意するもの
お菓子などの空き缶(直径12～30㎝)、布(ベルト)、くぎ、金づち、ビニールテープ(またはセロハンテープ)、バチ(または竹ばし)

●作り方
①お菓子の空き缶などに、くぎと金づちで3か所穴を空けます。図のように、ベルトを首にかけてうまく鳴らせるような位置を考えて穴を空けましょう。
②ベルトの長さは首からぶら下げてみて、結び目の余裕を考えて決めましょう(子どもなら120～160㎝くらい)。
③ベルトを穴に通し、両端を結ぶと外れにくいです。
④おなかが当たる所にひもをつけて、太鼓が動かないように工夫しましょう。
⑤ふたはビニールテープかセロハンテープを巻いて留めます。
⑥バチか竹ばし2本を用意して、たたいてみましょう。

第5章　ものを作る活動　107

ものを作る活動
つるす飾り

曲線テープの飾りもの

水族館

●用意するもの

A4程度の色画用紙（白・淡青・濃青などをとり混ぜて）、A4程度の画用紙（海の生き物の絵用）、ハサミ、鉛筆、パス、絵の具、カラーボトル（14ページ参照）、保育者の手もとにホッチキス、天井近くにつるす棒とひも

●作り方

① 色画用紙に鉛筆で渦巻きをかきます（子どもたちにとっては中心から外へかくよりも、外から中へかくほうがテープ幅をとらえやすいようです）。「端っこからいってみようね」といううようなことばがけをしてみましょう。

② かき終えたら、線に沿ってハサミで切ります。

③ 切り終えたら保育者が、天井近くにひもでつるした棒から床まで届くカーテン状になるよう、ホッチキスでつなぎながら飾ってください。

④ 画用紙にパスと絵の具を使って、魚を中心に、ヒトデやタコ・イカ・貝・海草など、子どもたちが海の生き物を自由にかきます。

⑤ ハサミで切り抜き、裏側も同じように着色します。色画用紙を使う方法もあります。

⑥ 完成した海の生き物は、保育者がテープのカーテンにホッチキスで留めてください。子どもたちは、きれいな色合いの水族館に大満足です。

画用紙の縁に沿って外から中へのほうが、理解しやすい。

水族館（4歳児）

つるす飾り

(3〜5歳児)

●アレンジ●
四季の季節表現に役だててください。

春の草花
　バックのテープは白・淡黄・淡黄緑などをとり混ぜて、草花はチューリップ・タンポポ・舞い落ちるサクラの花びらなどを取りつけます。

夏の星空
　バックのテープは白・灰・青などとり混ぜて、大小の星や三日月などを取りつけます。

秋の枯れ葉
　バックのテープは白・淡黄・淡黄緑・緑などをとり混ぜて、赤・黄・橙・茶・緑などのパスと絵の具でかいた枯れ葉を取りつけます。

冬の雪景色
　バックのテープは白・灰・濃灰などをとり混ぜて、白色の折り紙を折り畳み、模様切りで作った雪の結晶や、画用紙で作った雪だるまなどを取りつけます。

　後ろに暗幕があれば、バックの曲線切り色テープのみでも、ステージの背景として使えます。子どもたちの造形が美しい空間をつくります。

秋の枯れ葉（5歳児）

●ポイント●
　準備するときの色選びに、保育者の感性が問われます。子どもたちがかくであろう色合いを想定して、それらを効果的に見せる色画用紙をバックの曲線テープ用として選んでください。
　子どもたちがきれいな色合いの作品を目にすることは、感性を育てることにも役だちます。

第5章　ものを作る活動

ものを作る活動
おしゃれなかつら

画用紙で作った土台に、新聞紙やスズランテープのひもをつけ、おしゃれなかつらを作ります。

●用意するもの
画用紙、新聞紙、折り紙、ゴムひも、コンパス、定規、鉛筆、ホッチキス、ハサミ、のり

●作り方
①保育者が画用紙にコンパスで円をかき、土台の型を作っておきます。新聞紙もいろいろな形に切り(図参照)、できるだけたくさんの髪の毛(新聞紙のひもなど)を用意します。
②子どもたちといろいろな髪型の写真を見ながら、髪型の違いに気づかせます。新聞紙のひもと土台の型を見せます。
②画用紙を切り、保育者がホッチキスで留めて土台を作ります。
③土台の下の方から、新聞紙のひもをのりづけしていきましょう。だんだん上の方につけていきます。いろいろな形のひもをつけていきましょう。
④のりが乾いたらハサミで刈り込み、形を整えます。折り紙でリボンをつけてもよいでしょう。

●遊び方
みんなでかつらをつけて遊びましょう。ままごとや劇に発展してもよいです。

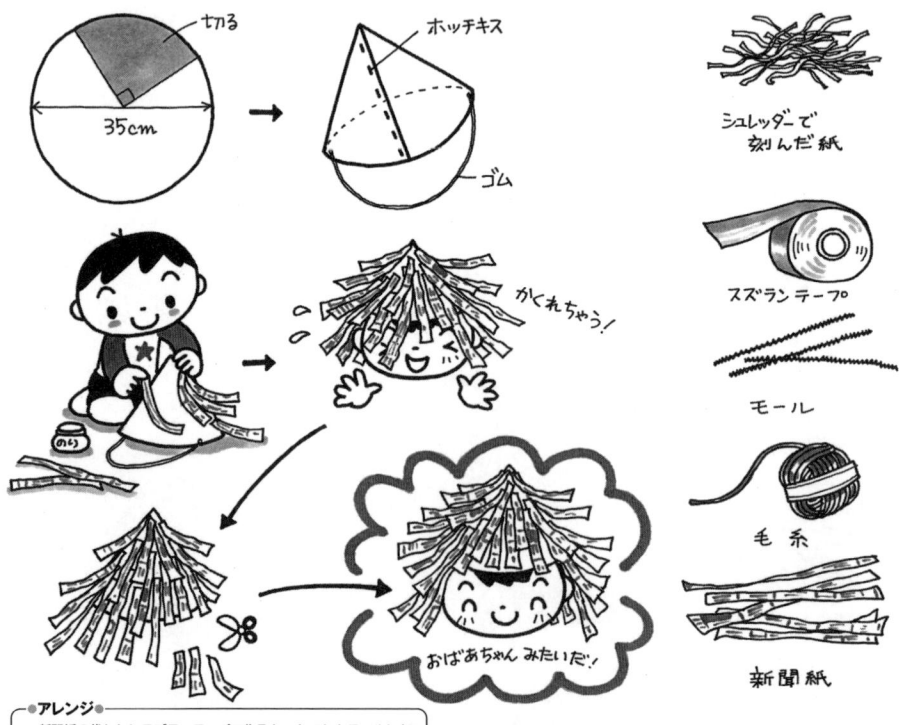

●アレンジ
新聞紙の代わりにスズランテープで作ると、とてもカラフルになります。モールや毛糸をつけてもよいです。かつらをお面の土台にして、ライオンのたてがみや動物作りに発展してもよいです。
また、土台を作り、それに紙のひもやスズランテープをつけるという方法は、衣装作りやその他の活動にも発展できます。
後で床屋さんごっこができますね!

●ポイント
・どんどんくっつけていく"+の造形"と、カットしていく"マイナスの造形"の組み合わせで形を作っていくおもしろさがポイントです。
・シュレッダーで刻んだ紙を使ってもおもしろいです。

ものを作る活動
毛糸の迷路

子どもたちは穴あきボードの穴に毛糸を通して、線の構成あそび(迷路あそび)をします。

(2〜5歳児)

●用意するもの
穴あきボード(たくさんの穴が空いた、台所などで使う板)、毛糸(太さや色の違うもの数種類)、クリップ(毛糸を穴で留めるもの)、先の丸いプラスチックの毛糸針、ハサミ

●遊び方
①子どもたちに穴あきボードと毛糸、プラスチックの毛糸針を渡します。毛糸の端は、クリップに結んでおきましょう。もう一方の端は毛糸針の穴に通しておきます。
②子どもたちは針を穴に通していきます。穴あきボードの穴に毛糸を通し、毛糸の迷路を作ります。
③いろいろな太さや色の毛糸を使いましょう。おもしろい模様を作っていきます。
④途中で終わってもよいです。別の日に続きをやりましょう。だんだん豊かな模様ができていきます。

にょきにょき こんにちは!

●アレンジ
できた毛糸の迷路に、さらに別のものをつけて飾っていきます。例えばボタンやマカロニ、ビーズなど、身の回りにあるもので飾ってください。おもしろいものができたら壁に飾りましょう。

●ポイント
年少児は、穴に通す、引っ張るなどの操作自体を楽しみます。

第5章 ものを作る活動

ものを作る活動
染め紙で作ろう

和紙染めは手軽にできる染めの代表選手です。子どもたちにとってぱっと広がる染めの世界は、驚きをもって受け入れられる大人気の活動です。

染め紙をしよう　　　　　　　　　　　　　　（3～5歳児）

幾重にも折り重ねた和紙にいろいろな色をしみこませ、それを広げたときに広がる世界は、万華鏡のようです。

●用意するもの
白または薄い色で無地の和紙（B5～A4）、食紅（赤、水色、黄、緑）、容器（深めの皿や食材のトレーなど）

●遊び方
① 食紅を容器で水に溶かして、染料を用意します。
② 和紙の短辺に対して平行に、じゃばら折りをします。
③ ②を端から、三角形の形にじゃばら折りします。
④ 角や辺を染料につけて染め、広げて乾かします。

3～4cmにじゃばら折り。
三角形にじゃばら折り。

アレンジ（ア）　アレンジ（イ）

適当に折って、角や辺を染めます。

─アレンジ─
折り方を工夫しよう
・②の段階で和紙の角から斜めにじゃばら折りし、後は四角形にじゃばら折り（ア）。
・四つに折って、その中心点から図のようにじゃばら折り（イ）。

─ポイント─
和紙は、ビニール繊維の含まれていないものを使いましょう。

染め紙で飾ろう　　　　　　　　　　　　　　（4・5歳児）

染め紙はいろいろな用途に使えます。どんなことができるか考えてみましょう。

●遊び方
・牛乳瓶の周りに巻いて、化粧ひもをつければペン立て。
・封筒を作ります。
・人形の着物にして、しおり。
・厚紙にはって、アルバムや文集の表紙に（113ページ参照）。
・ドライフラワーの周りに巻きつけ、すてきな花束。

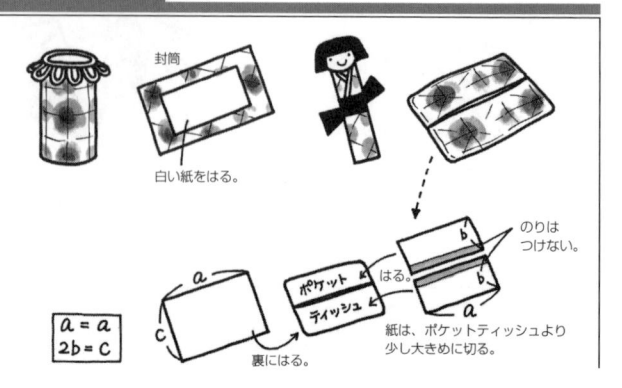

封筒
白い紙をはる。

$a = a$
$2b = c$

ポケットティッシュ
はる。
のりはつけない。
裏にはる。
紙は、ポケットティッシュより少し大きめに切る。

染め紙でアルバムを作ろう

（5歳児）

染め紙を使って、使えるものを作りましょう。ここではお便り帳の表紙を作ります。

●用意するもの
お便りと同じ大きさの厚紙（2枚）、厚紙より2cmくらい大きめの染め紙（2枚）、厚紙より小さめの上質紙（2枚）、のり（木工用接着剤を水で溶いて使ってもよい）、パンチ、ひも、カッターナイフ

●作り方
① 広げた染め紙の全面にのりを塗り、真ん中に厚紙を置きます（のりは均一に2回塗ると、しっかりきれいにはれます）。
② 四つの角をそれぞれ斜めに谷折りします。
③ 染め紙の折って三角になった所にものりをつけ、上下左右の部分を内側へ折ります。
④ 内側に厚紙より小さめの上質紙をはります。
⑤ のりが乾いたらパンチで穴を空け、閉じひもを通して完成。

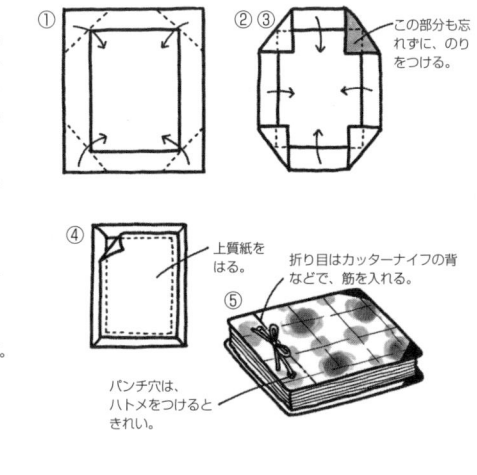

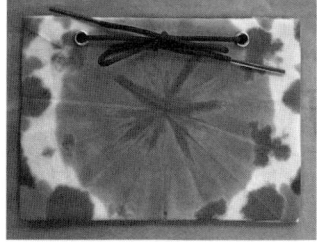

② ③ この部分も忘れずに、のりをつける。

④ 上質紙をはる。

⑤ 折り目はカッターナイフの背などで、筋を入れる。

パンチ穴は、ハトメをつけるときれい。

先生のすてきでしょう♥

きれい〜！！

手づくりのアルバムは、一生の思い出になります。

●染めの注意
- 厚紙に和紙をはるときは、間に気泡が入らないように、手の腹で押し出すようにはるとよいです。
- 水色の食紅は、お店に置いていないことが多いので、早めに注文しておきましょう。
- 黄色はもっともよく使うので、ほかの色の2倍くらい用意しておきましょう。

ものを作る活動
テーマコラージュ

写真や雑誌を切り取って、テーマコラージュの共同製作をしましょう。壁画製作に発展します。

動物園などの共同製作　　（4・5歳児）

●**用意するもの**
いろいろな色や形が切り取れるような雑誌や写真、ハサミ、のり、筆（のりづけ用）、台紙（四つ切画用紙）、大きな台紙（畳大くらいの模造紙）

●**遊び方**
①保育者と子どもがいっしょになって、雑誌や写真から形を切り取っておきます。
②動物園、水族館、庭、街、公園、食べ物などのテーマを選びます。テーマに従い、切り取った形を台紙の上に載せてみます。テーマを考えながら、そのように見えるわけをいっしょに考えて組み合わせていきます。
③形の組み合わせが決まったら、台紙にのりづけします。台紙の方に前もって筆でのりをつけておいてもよいです。できたらみんなの作ったものを見せ合い、名前をつけます。

●**アレンジ**
子どもたちに、色のついた形や切り抜いた形を組み合わせて、壁画を作ることを提案します。テーマを選び（一つでなくともよいです）、大きな紙にいくつかの形を組み合わせます。壁画がしあがったら、子どもたちが楽しめる場所に飾ります。

不思議な動物園（学生作品）

第6章　＊＊＊＊＊＊＊＊＊みんなで作ろう

みんなで作る喜びを

　造形作品展や生活発表会に向けて総合的に取り組む活動は、一年間の節目になる活動です。「劇」などを柱に、背景や衣装を作ったり、ほかの領域を巻き込んだ総合的な活動、あるいはひとりではできないことを、みんなで力を合わせて作るダイナミックな活動。個々に作った作品をうまく集めて、共同作品にして展示するなど、「みんなで作る活動」には、次のようなさまざまな活動があります。みんなで作って楽しめる造形活動を計画しましょう。

- **造形あそび**：あそびから造形表現に発展したり、作るだけでなくあそびに発展していける造形活動。あるいは、造形の基礎的な活動やあそびを通して、体得していく造形あそび。
- **総合造形・総合的な活動**：例えば「秋」というテーマで、いろいろな造形活動を系統的、総合的に取り組む総合的な造形。さらに音楽（表現）や言葉など、ほかの領域も巻き込んだ総合的な活動。
- **共同作品**：ひとりひとりが作った平面や立体作品を、ただ漠然と並べて掲示するのではなく、ちょっと工夫を加えて総合的に壁面装飾にして展示したり、空間を生かして立体的に展示すると、一つひとつの作品がそれぞれの良さを発揮して、楽しい総合作品になります。保育者のちょっとしたアイデアが、「アッ！」と言わせる楽しい展示に生まれ変わります。
- **共同製作**：お菓子屋さん、ケーキ屋さん、洋服屋さんと、グループに分かれてお店屋さんを作り、お店屋さんごっこをします。クラス全員で力を合わせてするのが、共同製作です。

みんなで作ろう

窓ガラスを飾ろう（エアーキャップを使って）

こん包に使うエアーキャップに油性フェルトペンで絵をかいて、切り抜いたものを窓ガラスにセロハンテープで留めると、窓の飾りができます。取り外しも簡単です。保育室に飾って、楽しい雰囲気に！

（4・5歳児）

エアーキャップに絵をかく①

●用意するもの
エアーキャップ（無色透明のもの）、新聞紙、油性フェルトペン、ハサミ、セロハンテープ

●作り方
①新聞紙などに黒色の油性フェルトペンで、かく絵の下絵を保育者がかきます。
②新聞紙にかいた下絵の上に、エアーキャップのクッション面を下に向けて置きます。
③エアーキャップの裏側（平面の方）に、油性フェルトペンで子どもたちが下絵を写して絵をかきます（色は点描にしてもよい）。
⑤絵の部分をハサミで切り抜きます。
⑥切り抜いた絵を、窓ガラスにセロハンテープではるとできあがり。

●ポイント
窓ガラスを汚さず、簡単に取り外しができます。

色とりどりの模様にして切りました。

エアーキャップに絵をかく②

（4・5歳児）

●用意するもの
エアーキャップ（無色透明のもの、八つ切り〜四つ切）、油性フェルトペン、ハサミ、セロハンテープ

●遊び方
①飾る窓の大きさと飾る枚数を考えて、エアーキャップの大きさ（八つ切り〜四つ切）を決めましょう。
②子どもがエアーキャップの裏側（平面の方）に、油性フェルトペンで花、動物、動物の顔、自分の顔などの絵を直接かきます。
③かいた絵をハサミで切り取ります。
④きれいな飾りになるように、窓ガラスにセロハンテープではるとできあがり。

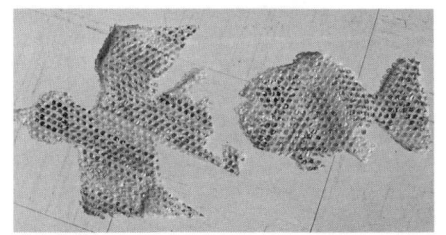

絵をかきました。

切り取りました。

● 窓ガラスを飾ろう（エアーキャップを使って）●

みんなで作る場合

共同製作　　　　　　　　　　　　（4・5歳児）

●テーマ
水族館、動物園、クリスマスの飾り、お花畑、クラス全員の顔、乗り物、街（家）、お話の場面など

●遊び方
① 一つの窓ごとに、グループでテーマを考えます。
② グループ別に、窓の大きさと飾る枚数を考えて、エアーキャップを切り分けましょう。
③ それぞれエアーキャップに絵をかきます。
④ 切り抜いて、テーマに沿った配置（テーマがお話の場面なら、そのお話の順番に合わせるなど）を考えながら、セロハンテープではりましょう。

室内装飾として活用する

（4・5歳児）

入園式、卒園式、展覧会、生活発表会、四季を飾る室内装飾として活用できます。
保育者がかいて飾る場合と、子どもがかいたものを室内装飾に使う場合の二通りが考えられます。

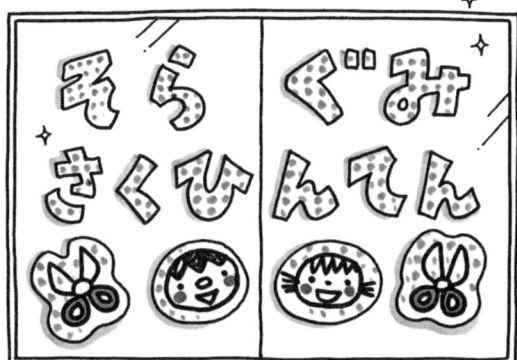

●直射日光に弱い！
油性フェルトペンは直射日光に弱いので、日の当たりやすい窓では2～3週間で退色してしまいます。長期間飾るときは日の当たりにくい窓に飾りましょう。黒色は比較的退色しません。

※ある日4歳の子どもが、エアーキャップの丸いクッション一つひとつを油性フェルトペンで塗って模様をかき、「せんせい、こんなのできたよ」と持ってきました。とてもきれいだったので、それをヒントに教材化したものです。

第6章　みんなで作ろう　117

みんなで作ろう
たなばたあそびをしよう

年に一度のたなばたさま。中国から来た故事が元でできあがった行事ですが、日本ではお盆などの伝統的な行事や収穫への祈りと合わさる、複合的な行事になりました。

たなばた飾り①

巨大ぶらぶら人形　　（4・5歳児）

●**用意するもの**
カラーポリ袋、バルーン風船（または傘用ポリ袋）、油性フェルトペン、輪ゴム、セロハンテープ、たこ糸

●**作り方**
①カラーポリ袋に空気を入れ、輪ゴムで縛ります。
②セロハンテープを使って、ポリ袋を思い思いの形にします。
③バルーン風船（または傘用ポリ袋）を使って、手や足を作ります。
④油性フェルトペンで、好きなように顔をかいたり、模様を入れます。
⑤ぶら下げるためのたこ糸（またはゴム）を、セロハンテープで袋につけてできあがり。

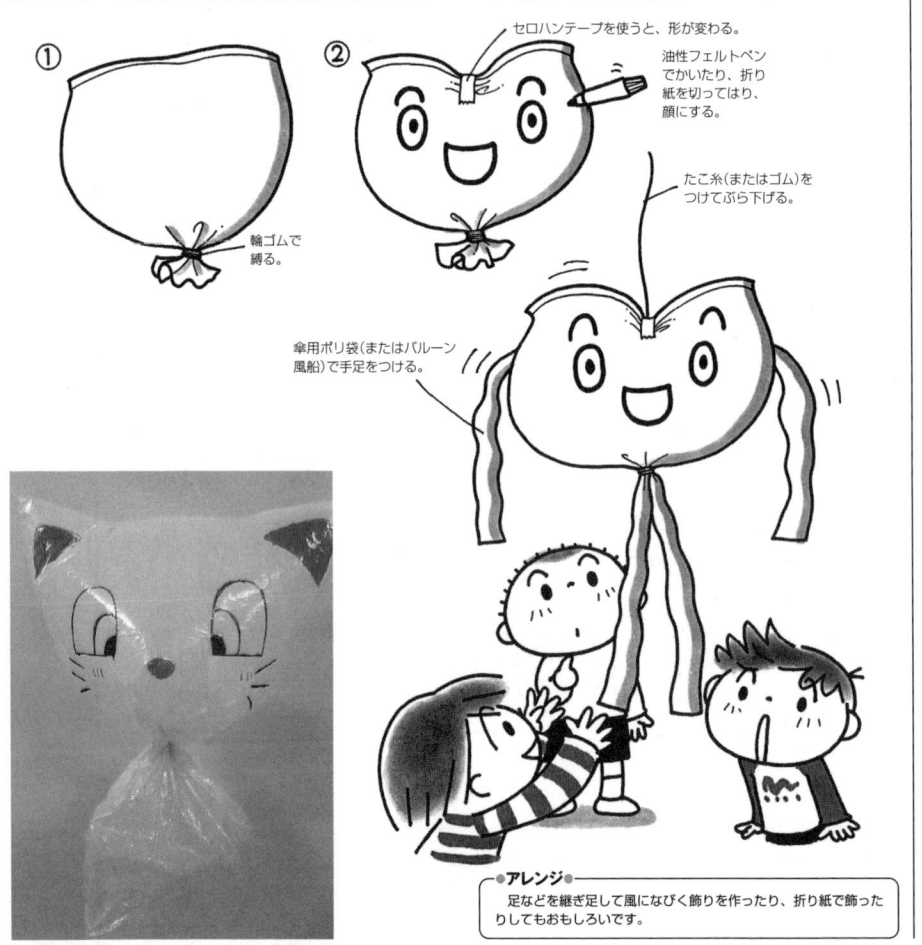

輪ゴムで縛る。

セロハンテープを使うと、形が変わる。

油性フェルトペンでかいたり、折り紙を切ってはり、顔にする。

たこ糸（またはゴム）をつけてぶら下げる。

傘用ポリ袋（またはバルーン風船）で手足をつける。

●**アレンジ**●
足などを継ぎ足して風になびく飾りを作ったり、折り紙で飾ったりしてもおもしろいです。

●たなばたあそびをしよう●

たなばた飾り②　　お願い短冊人形　　（4・5歳児）

●用意するもの●
色上質紙（A4）、ハサミ、パンチ、たこ糸、フェルトペン

●作り方●
①A4サイズの用紙を横1/4に切り、縦半分に折ります。
②図のように切り込みを入れ、頭、手足を折り返し、関節の部分も折り返し、頭の部分にパンチで穴を空けます。
③おなかの部分に願い事を書き入れ、顔などをかいてぶら下げましょう。

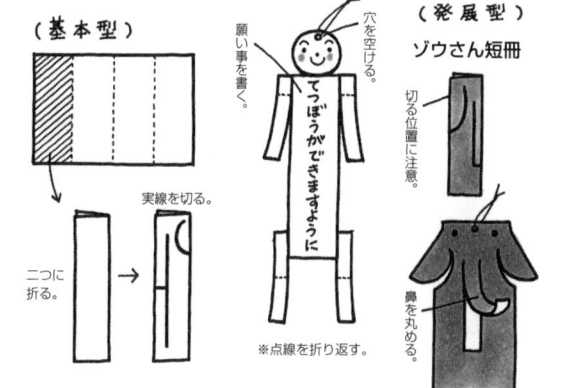

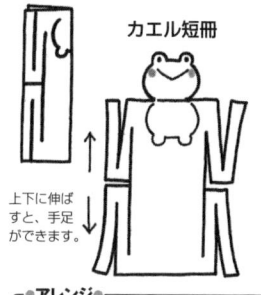

（基本型）
穴を空ける。
願い事を書く。
実線を切る。
二つに折る。

（発展型）
ゾウさん短冊
てつぼうができますように
切る位置に注意。
鼻を丸める。
※点線を折り返す。

カエル短冊
上下に伸ばすと、手足ができます。

●アレンジ●
ハサミの切り込みの入れ方を、いろいろ変えてみましょう。

たなばた飾り③　　ぶらぶら野菜　　（4・5歳児）

●用意するもの●
段ボール板（約15cm四方）、ハサミ、フェルトペン、毛糸針、たこ糸

●作り方●
①段ボール板に好きな野菜（ナスビ、スイカ、キュウリなど）の形をかき、ハサミで切り抜きます。
②切り抜いた野菜に色を塗ります。
③毛糸針にたこ糸などを通し、段ボール板のすき間（波になっている所）を通して、野菜を等間隔にぶら下げていきます。

固結び

●ポイント●
たなばたに野菜をぶら下げることもあります。お盆の祭事と兼ね合わせたわが国独自の風習です。野菜を動物に見たてるのは、その動物に乗ってご先祖さまが戻ってくるとされているからです。

第6章 みんなで作ろう

みんなで作ろう
紙で作る動物園

紙で作る動物たち
画用紙で作る動物たち　　　（3〜5歳児）

●用意するもの
厚手画用紙、画用紙（はがき大）、折り紙、鉛筆、フェルトペン、ハサミ、のり、ホッチキス

●作り方
① 図を参考に保育者が胴体部分（厚手画用紙が望ましい）を準備します。子どもたちが選択できるよう、人数分より多めに準備してください（ウサギ・ゾウ・キリン・ライオン・パンダなどが子どもたちに人気があります）。
② 画用紙に頭（顔）の部分をかき、ハサミで切り抜き、胴体部分の切り込みに差し込みます。
③ 絵本などを見て動物の特徴を思い出し、尾を取りつけます。目やひげなどをフェルトペンでかき込んだり、折り紙を切ったりちぎったりしてはり、たてがみや体の模様を作ります。

切り込み
切り込み
切り取る。
頭を作り、切り込みに差し込む。

動物園
ボール紙で作る動物園　　　（5歳児）

ボール紙は、画用紙よりも厚手で扱いに少し抵抗がありますが、完成後の作品に安定感があります。

●用意するもの
ボール紙、鉛筆、折り紙、フェルトペン、ハサミ、定規、へら、カッターナイフ、カッティングマット、のり、ホッチキス

●作り方
① 胴体部分は保育者が援助してください。折り込みや切り込みを手伝いますが、あくまでも子どもの意見に沿って、力が必要なところだけを援助してください。
② 頭（顔）部分、胴体部分の模様をフェルトペンや折り紙で思い思いに作ったり、尾をつけたり、つめをかいたりなど活動を続けます。工夫できた部分を褒めてあげましょう。

●アレンジ●
動物だけでなく、グループ活動として、植木や柵、ベンチなど、動物園内のさまざまなものを作る活動へと展開できます。

●ポイント●
・厚手の紙や段ボールは、ハサミよりもカッターナイフのほうが切りやすいです。
・カッターナイフは必ず保育者が管理しましょう。

●紙で作る動物園●

怪獣を作ろう

新聞紙で作る怪獣　　（5歳児共同製作）

　動物作りの楽しさから、もっと大きな怪獣を作ってみようと興味が膨らみました。

●用意するもの●
大型段ボール箱（2～3個）、段ボール、新聞紙（たくさん）、スズランテープ、針金、ペンチ、アイスクリームのカップなど、ハサミ、カッターナイフ、千枚通し、木工用接着剤、ポスターカラー、ハケ

●遊び方●
① 保育者が段ボール箱2～3個に穴を空け、スズランテープや針金を通してつなぎます（怪獣の土台）。
② 新聞紙をスイカくらいの大きさに丸め、さらに新聞紙でくるみます。それを段ボール箱の周囲に、木工用接着剤でぎっしりとくっつけていきます。
③ 口を開くようにして歯をつけるなど、必要があれば段ボールやアイスクリームのカップなどで作ります。
④ 怪獣ですから、どんな形になってもかまいません。子どもたちの話し合いで、新聞紙のボールをどんどん取りつけていきましょう。一日でしあげるわけではありません。木工用接着剤が乾くのを待ちながら、活動を繰り返すのがよいでしょう。
⑤ 所々をスズランテープで縛ったり、針金で固定したり、ひもや針金を新聞紙で覆い隠したりなどは保育者が行なってください。もちろん子どもたちの計画に沿った援助でなくてはなりません。
⑥ 形ができたら、ポスターカラーで着色をしましょう。

怪獣作り活動中（5歳児）

スズランテープ

▶アレンジ◀
運動会の入退場門にも応用できます。

第6章　みんなで作ろう　121

みんなで作ろう
お店屋さん

ごっこあそびは、子どもの大好きなあそびです。作る行為そのものも、大切にして楽しみましょう。
梱包材は、ホームセンターなどで安価に手に入ります。

おだんご屋さん　　　　　　　　　　　　　　　（3〜5歳児）

子どもたちの大好きなおだんご。ここでは身の回りの材料を利用して、おだんご屋さんごっこをしましょう。だんごを丸めたり、くしに刺してタレを塗るおもしろさを体験しましょう。

みたらしだんご

●用意するもの
梱包材（ホームセンターなどで売っています）、竹ぐし、水彩絵の具（茶色）、筆、ハサミ

●作り方
①梱包材3〜4個を、竹ぐしに刺します（刺せたら、竹ぐしの先はハサミで切り落としておきましょう）。
②たれに見たてた水彩絵の具（少なめの水で溶きます）を筆で塗ります。絵の具が乾けばできあがり。

おいしそうなみたらしだんごのできあがり。

三色だんご

●用意するもの
小麦粉、食紅（赤、青、黄、緑）、竹ぐし

●作り方
①小麦粉に水を入れ、よく練ります（小麦粉粘土）。
②おだんごの形が作れるような固さになったら、その中に少量の食紅（緑の食紅がないときは、青と黄色を混ぜましょう）を入れてよく練り、三色の小麦粉粘土を作ります。
③小さくちぎって手で丸め、竹ぐし一本に3個（三色）ずつ刺して、できあがり。

小麦粉　水　よくこねる。　食紅

●ポイント
小麦粉粘土は傷みやすいので、その日一日のあそびと考えましょう。

いらっしゃーい
いちまんえんです
発泡スチロール
はーい

●アレンジ
おだんごができたら、発泡スチロールや段ボール箱に穴を空けて上向きに刺して並べ、おだんご屋さんごっこをしましょう。

タコ焼き屋さん　　　　　　　　　　　　　　　　　　　　（3～5歳児）

子どもたちの好きなタコ焼きを、ごっこあそびに発展しましょう。アルミホイルを巻き込むことで、つまようじで刺せる楽しみが増します。

●用意するもの
ティッシュペーパー、アルミホイル、再生紙（黄色）、木工用接着剤、絵の具（茶色）、筆、水性フェルトペン、発泡トレイ（または食材の発泡トレイ）、つまようじ

●作り方
①ティッシュペーパー2枚を丸めて、しんにします。
②周りにアルミホイルを巻きつけます。
③黄色の再生紙で包み、木工用接着剤で留めます。
④丸く形を整え、茶色の絵の具でソースをつけ、乾いたら水性フェルトペンで青のりなどをかき込みます。
⑤できたタコ焼きは発泡トレイに入れ、つまようじを添えてできあがり。

●アレンジ
「みたらしだんご」で使った梱包材をうまくしんにすれば、つまようじで刺したときの感触がさらに良くなります。

（タコ焼きの断面図：再生紙／ティッシュペーパー（または梱包材）／アルミホイル）

絵の具は、遊ぶときにつけてもよいです。

占い屋さん　　おみくじ　　　　　　　　　　　　　　　（4・5歳児）

子どもの好きなあそびに占いあそびがあります。ここでは占い屋さんごっこをしてみましょう。

●用意するもの
牛乳パック（1000cc）、一穴パンチ、丸ばし、油性フェルトペン、セロハンテープ、B4用紙、定規、鉛筆

●作り方
①よく洗って乾かした牛乳パックの上の部分を開き、一穴パンチで直径5mmくらいの穴を空けます。
②1～10の番号を書いた丸ばしを牛乳パックに入れ、上の部分を閉じてセロハンテープなどで留めます（丸ばしの本数は、自由に決めてください）。
③B4用紙に表を作り、丸ばしの番号に合わせた占いを書き込みます。

●遊び方
①おみくじのように牛乳パックをよく振ってから逆さまにし、穴から丸ばしを一本出します。
②丸ばしの番号を見て、表に書かれた占いを読み上げましょう。
③引いた丸ばしを元に戻し、ひとりずつ順番に占っていきます。

一穴パンチで穴を空ける。
丸ばし
絵や文字をかいてはる。

●アレンジ
・くじ引きとしても使えます。
・丸ばしの本数を増やすとき、何本か同じ番号があってもよいです。ただし「大吉」や「凶」の番号は、少なくします。
・おまけでもう一回引ける、「ラッキーナンバー」があってもよいでしょう。

きょうはごちそうかも

第6章　みんなで作ろう

みんなで作ろう
ファッションショー

変身はみんな大好きです。お姫様になったり、変身ヒーローになったり。自分が着てみたい服を作って、ファッションショーを始めましょう。

厚手のポリ袋を使って　　　　　　　　　　(4・5歳児)

●用意するもの
45ℓ(65cm×80cm)のポリ袋、90ℓ(90cm×100cm)のポリ袋、ハサミ

●作り方①
45ℓ(65cm×80cm)の袋のままで使います。

肩の部分は、体の大きさに合わせて結んでもよいでしょう。

●作り方②
90ℓ(90cm×100cm)の袋を2枚に切ります。

いろんなアレンジを!

●アレンジ
カラービニールテープや油性フェルトペンで、飾りをつけましょう。

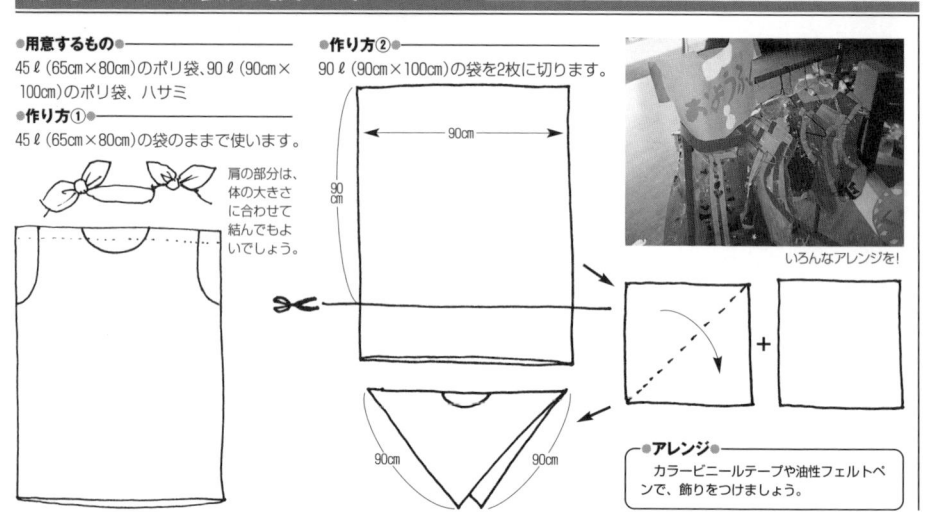

模造紙や新聞紙を使って　　　　　　　　　　(5歳児)

●用意するもの
模造紙(または新聞紙)、ハサミ、クラフトテープ

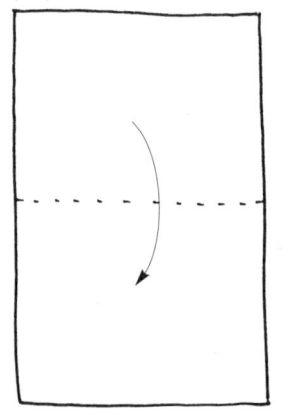

魔法使いみたい!

いっぱいはったり、くっつけてりしてみましょう。

クラフトテープで内側からはり合わせる。

●アレンジ
絵の具でかいたり折り紙を切ってはったりして、飾りをつけましょう。

変身の小道具や飾るもの　　（5歳児）

● **用意するもの** ●
新聞紙、ティッシュペーパー、紙袋、トイレットペーパーのしん、アイスクリームやゼリーの空きカップ、乳酸菌飲料の空き容器、カラーズランテープ、折り紙、クッキングホイル、カラービニールテープ、セロハンテープ、クラフトテープ、木工用接着剤、輪ゴム

※花やリボンの作り方は、『お花畑を作ろう』（128ページ）を参照してください。

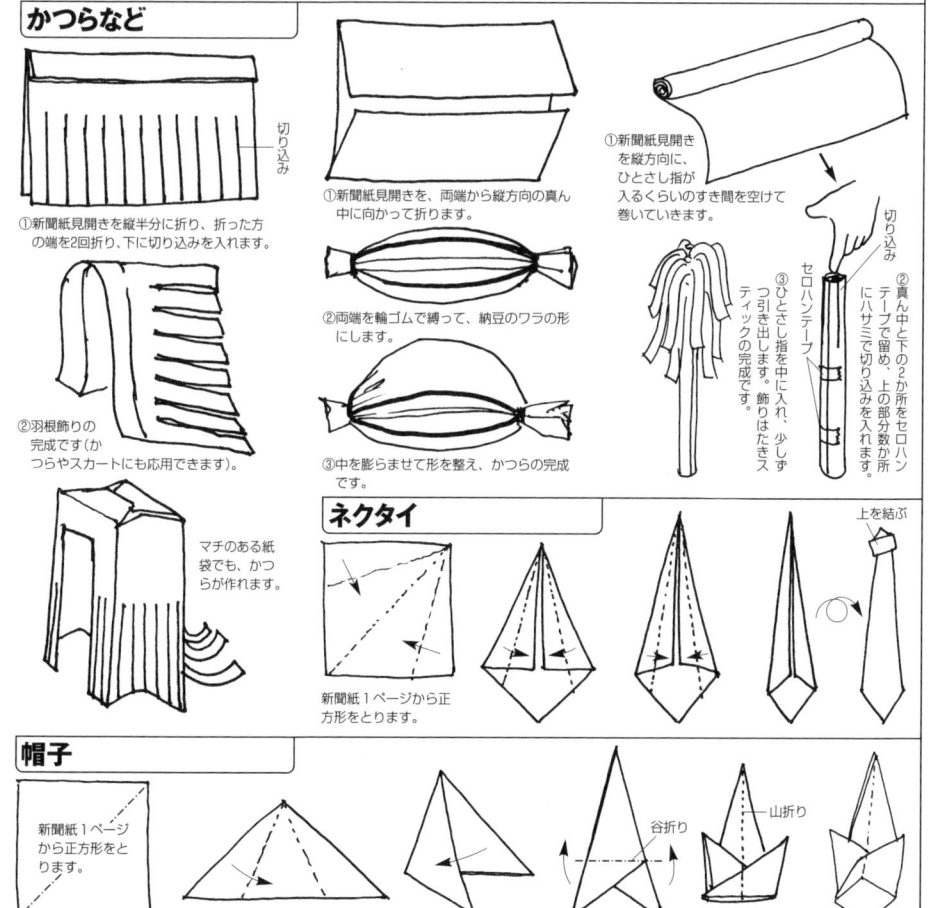

かつらなど

①新聞紙見開きを縦半分に折り、折った方の端を2回折り、下に切り込みを入れます。

②羽根飾りの完成です（かつらやスカートにも応用できます）。

マチのある紙袋でも、かつらが作れます。

①新聞紙見開きを、両端から縦方向の真ん中に向かって折ります。

②両端を輪ゴムで縛って、納豆のワラの形にします。

③中を膨らませて形を整え、かつらの完成です。

①新聞紙見開きを縦方向に、ひとさし指が入るくらいのすき間を空けて巻いていきます。

②真ん中と下の2か所をセロハンテープで留め、上の部分数か所にハサミで切り込みを入れます。

③ひとさし指を中に入れ、少しずつ引き出します。セロハンテープで留め、飾りはたきスティックの完成です。

切り込み

ネクタイ

新聞紙1ページから正方形をとります。

上を結ぶ

谷折り　山折り

帽子

新聞紙1ページから正方形をとります。

第6章　みんなで作ろう

みんなで作ろう
みんなで作ろう壁面装飾

アジサイを作ろう
紙皿で作るアジサイ （3歳児）

●用意するもの●
紙皿、色画用紙（黄緑・緑）、新聞紙、カラーボトル（14ページ参照）、ポスターカラー（淡青・濃青・紫・ピンクなど）、太筆、鉛筆、フェルトペン（緑・青）、ハサミ

●作り方●
① 新聞紙を敷き詰め、その上に紙皿を伏せた状態で置きます。
② 子どもたちが思い思いの筆で、紙皿にポスターカラーをポタポタと落とします。何回か筆（色）を変えて落とし、ポスターカラーが乾いたらアジサイの花の完成です。
③ 保育者が色画用紙に、鉛筆で大きく丸い葉っぱをかきます。葉脈をフェルトペンでかき加え、ハサミで切り抜きます。
④ 後は保育者が保育室の壁面に飾りつけましょう。アジサイの花と、それを取り囲むようにして葉っぱを留めてください。

●アレンジ●
数枚の葉っぱに切り込みを入れ、ホッチキス留めして半立体にすると、半立体の花との相性がよくなります。

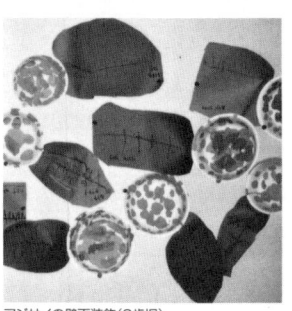

アジサイの壁面装飾（3歳児）

少し重ねてホッチキスで留めると、半立体に。

秋の枯れ葉
ドングリの木 （4歳児）

●用意するもの●
色画用紙（茶色）、新聞紙、画用紙（A4くらい）、パス、カラーボトル（14ページ参照）、ポスターカラー数色、筆、ハサミ

●作り方●
① 保育者が保育室の壁面に、色画用紙でたくさんの枝がついたドングリの木を作ります（幹には新聞紙を巻いたしんを入れ、立体感をつけましょう）。
② 子どもたちが画用紙に、葉っぱやドングリをかきます。前半はパスでかき、後半はポスターカラーで色を塗ります（バチック）。
③ 画用紙を切り抜き、保育者がドングリの木に取りつけます。

●ポイント●
・バチック（はじき絵）の効果が、いろいろな色合いをもつ枯れ葉の表現に適しています。
・赤や黄、黄緑や茶、緑の部分もある枯れ葉を見せて、紅葉した葉っぱの美しさに気づくよう援助しましょう。

新聞紙を巻いたしん

ダイコン畑

画用紙で作る半立体　　（5歳児）

「大きなかぶ」のお話から、みんなでダイコン（半立体）を作ることになりました。

●用意するもの●
画用紙（八つ切）、ハサミ、のり、ホッチキス、鉛筆、絵の具、筆、水入れバケツ、ぞうきん

●作り方●
①画用紙を1／2に切り分けます。一方はダイコンの白い根の部分を、一方は葉の部分を作ります。
②一方の画用紙に、紙面いっぱいの大きなダイコンを鉛筆でかき、切り抜きましょう。
③切れ端を利用して、ダイコンの先の部分や細いひげ根を作って、のりではりつけます。
④ダイコンの先のとがった方に切り込みを入れ、少し引き寄せ、合わせてホッチキスで留めます（半立体）。はみ出したダイコンの先の一方を切り落とします。
⑤ころあいを見て、葉っぱ作りを始めましょう。本物の葉っぱを広げて見せて、イメージを引き出してください。
⑥残っている画用紙の端を利用して、2本〜3本の葉っぱを作りましょう。できたダイコンと葉っぱをホッチキスで留めます。
⑦葉っぱを絵の具で着色します。緑だけでなく、枯れ始めた部分や土の色、青首部分の淡黄緑、赤く塗って赤カブとしても楽しいです。

●ポイント●
- 保育者は、子どもたちの新しい発見や工夫を褒めてあげましょう。
- できあがったダイコンは保育者が壁面にはり、所々に色画用紙、模造紙、ハトロン紙などで、畑の土のようすを作ってください。

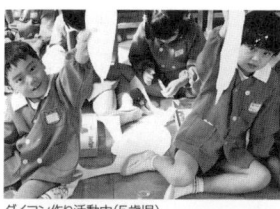

ダイコン作り活動中(5歳児)

ダイコン(5歳児)

壁面がダイコン畑に！(5歳児)

●ポイント●　展示や壁面装飾の工夫

壁面装飾には、季節感や子どもたちの生活の楽しさを盛り込むことが大切です。保育者は子どもたちがかいたもの、作ったものを十分に生かして、それらを効果的に見せる工夫をしてください。

子どもたちみずからが努力して作った作品が、壁面に美しい空間をつくり出しています。また、その美しい環境の中で、知らず知らずのうちに子ども自身の感性が育っていくのです。

日ごろ何げなく行なう保育者や周囲の大人たちの行動や感性は、子どもたちにしっかりと受け継がれることを自覚していなければなりません。

第6章　みんなで作ろう

みんなで作ろう
お花畑を作ろう

身近な材料を使って、いろいろなお花を咲かせましょう。
みんなのお花を集めたら、「世界で一つだけのお花畑」ができますよ。

薄紙で作ろう　　　　　　　　　　　　　　　　（4・5歳児）

ティッシュペーパーや半紙など、薄い紙の特徴を生かして作りましょう。

●用意するもの
ティッシュペーパー、半紙、輪ゴム、ピンキングバサミ

ティッシュペーパーで

①ティッシュペーパーを5～6枚重ねます。

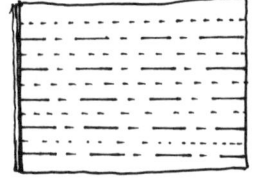

②長い方の辺を横にします。

③じゃばらに折っていきます。

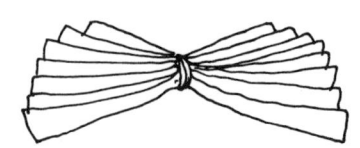

④真ん中を輪ゴムで縛ります。

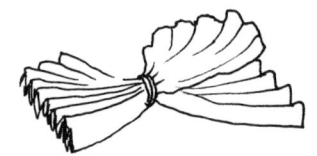

⑤左右交互に、1枚ずつ内側にめくっていきます。

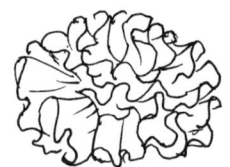

⑥花の形に整えましょう。

半紙で

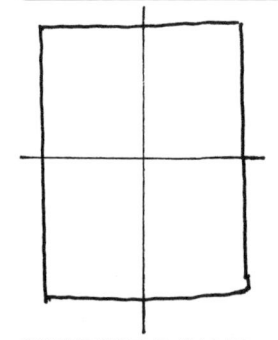

①半紙1枚を四等分にして、4枚とります。

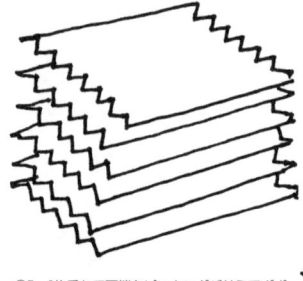

②5～6枚重ねて両端をピンキングバサミでぎざぎざに切ります。
後は上のティッシュペーパーの③～⑤と同じように作ります。

⑥花の形に整えましょう。端をぎざぎざに切ると、カーネーションやダリアのようになります。

お花畑を作ろう

折り紙や色上質紙を使って作ろう　　(4・5歳児)

正方形の折り紙は、対称形の花を作るのに便利です。基本形の折り方を覚えたら、いろいろな花の形が簡単に作れます。

●用意するもの
折り紙、色上質紙(A4)、ハサミ、ピンキングバサミ、輪ゴム、割りばし(竹ばし)、木工用接着剤、セロハンテープ

折り紙で

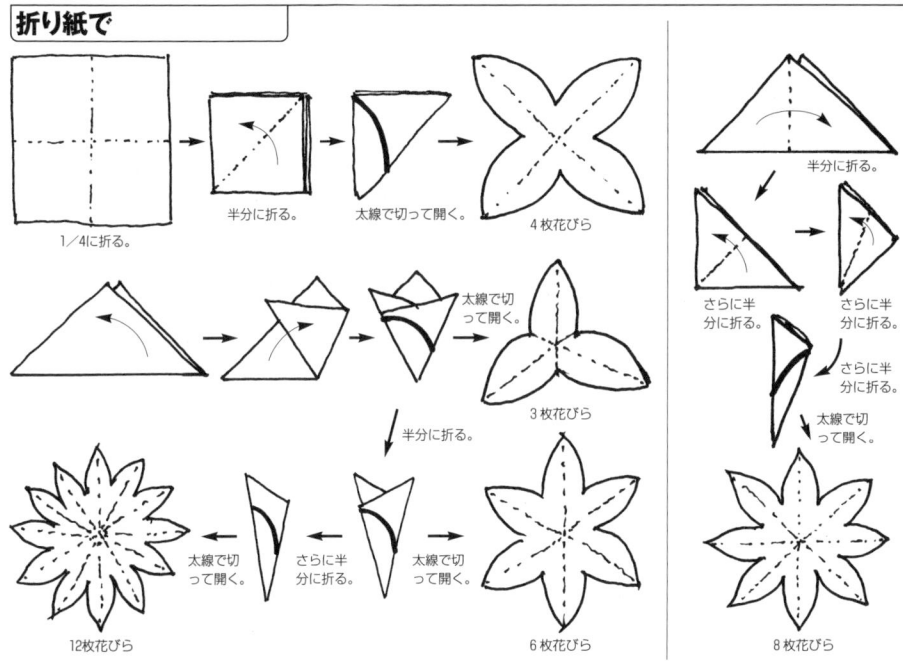

1/4に折る。 → 半分に折る。 → 太線で切って開く。 → 4枚花びら

半分に折る。 → さらに半分に折る。 → さらに半分に折る。 → 太線で切って開く。

→ 3枚花びら

半分に折る。 → さらに半分に折る。 → 太線で切って開く。 → 6枚花びら

12枚花びら　　8枚花びら

色上質紙で

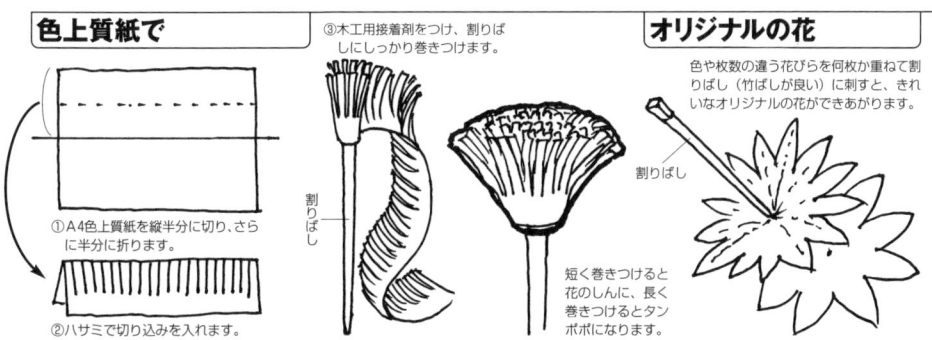

①A4色上質紙を縦半分に切り、さらに半分に折ります。

②ハサミで切り込みを入れます。

③木工用接着剤をつけ、割りばしにしっかり巻きつけます。

割りばし

短く巻きつけると花のしんに、長く巻きつけるとタンポポになります。

オリジナルの花

色や枚数の違う花びらを何枚か重ねて割りばし(竹ばしが良い)に刺すと、きれいなオリジナルの花ができあがります。

割りばし

第6章 みんなで作ろう

● お花畑を作ろう

紙コップや空きカップを使って作ろう　　　（4・5歳児）

花はもともとカップ状の形をしているものが多いですね。
廃材の空きカップを利用して作りましょう。

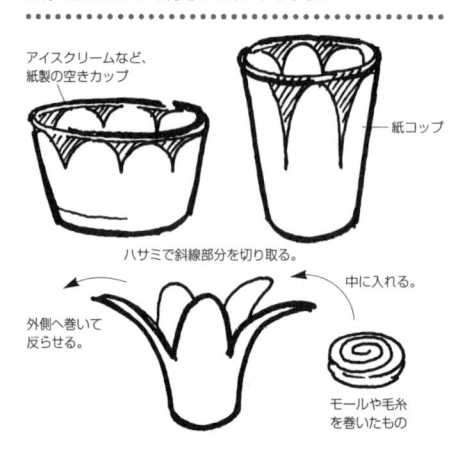

アイスクリームなど、紙製の空きカップ

紙コップ

ハサミで斜線部分を切り取る。

外側へ巻いて反らせる。

中に入れる。

モールや毛糸を巻いたもの

▶用意するもの◀

紙製のいろいろな空きカップ、紙やプラスチック製の卵ケース、毛糸（極太のもの）、モール、麻ひも、折り紙、カラーセロハン、ハサミ、油性フェルトペン、木工用接着剤

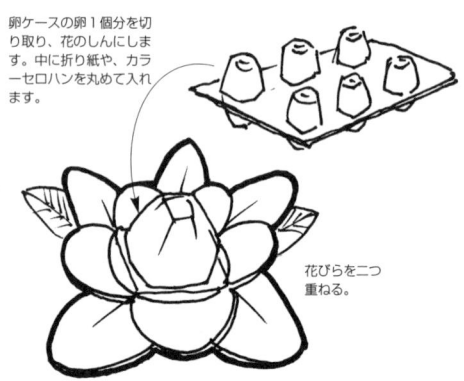

卵ケースの卵1個分を切り取り、花のしんにします。中に折り紙や、カラーセロハンを丸めて入れます。

花びらを二つ重ねる。

お花畑にしよう

作ったお花を飾って、お花畑にしましょう。例として、三種類挙げました。

色を塗った紙コップに入れて飾りましょう。

▶用意するもの◀

紙コップ、カラー模造紙、画用紙、ネット（ホームセンターなどで売っています）、たこ糸、モール、ポスターカラー、筆、ハケ、ハサミ、のり、クラフトテープ、ホッチキス

保育者がカラー模造紙で大きな木の幹を作って、壁面にはりつけました。一つの木から、いろんな花が咲きました。

ホームセンターなどで売っている園芸用のネットを、保育室の天井からつるし、みんなで作った花をモールでつけると、広い壁面や何もない空間でも、簡単にお花畑のカーテンを作ることができます。

みんなで作ろう

新聞紙でおうちを作る

新聞紙で作ったおうちで、隠れんぼや鬼ごっこをしましょう。
怪獣ごっこで、壊して遊ぶこともできます。

（4・5歳児）

●用意するもの●
新聞紙、ラップのしん（50cmくらい）、セロハンテープ、ハサミ、イス、テーブル

●作り方●
①新聞紙を巻いてセロハンテープで留め、できるだけたくさんの筒を作ります。筒の太さは、ラップのしんよりも少し細く巻きましょう。
②イスやテーブルなどの脚を支えにしてラップのしんを立て、セロハンテープで留めておきます。
③新聞紙の紙筒をラップのしんに差して柱にし、横にもつなげます。三角につないで屋根を作ってもよいです。
④骨組みができたら、広げた新聞紙で壁を作ります。

●遊び方●
　隠れんぼや鬼ごっこをしましょう。コーナーあそびに展開してもよいです。最後に怪獣ごっこをして、壊してもよいでしょう！

新聞紙を広げて、図のように巻いてセロハンテープで留めます。

●アレンジ●
　迷路にしたり、広場を作ってもよいです。入り口にスズランテープですだれを作ってもよいです。

みんなで作ろう
お祭り

おみこしを作ろう
クラスに1～3台　　　　　　（2～5歳児）

●用意するもの
角材(3～5cm角／3mくらい2本、2.5mくらい2本)、ひも、段ボール箱、段ボール板(2枚)、カッターナイフ、クラフトテープ、紙ヤスリ(400番くらい)、木工用接着剤、絵の具、筆、ハケ、かんな、飾りに使えそうな空き容器、さらし(綿布)

●作り方
① 角材の表面を紙ヤスリで軽く磨き、角も軽くかんななどで面取り（角を丸くする）します。
② 角材を段ボール箱の大きさに合わせて「井」の字型に組んで、ひもでしっかりと固定します。
③ 大きな段ボール箱を②の真ん中に置いて、クラフトテープで固定します（大小で二段にしてもよいです）。
③ 段ボール板で屋根を作ります。カッターナイフでくり抜いて、窓をつけてもよいです。
④ 後は子どもたちが材料（いろんな空き容器など）を持ちより、花を作ってみんなで飾ったり、絵をかいたりしく完成させましょう。

●遊び方
・運動会や生活発表会などの演技で活用します。

とげが刺さらないように、テープやさらしを巻く。

屋台の食べ物を作ろう
グループごと　　　　　　　　（2～5歳児）

●用意するもの
段ボール、ボール紙、色上質紙(A4)、アイスクリームなどのカップ、割りばし、小石、カラーセロハン、セロハンテープ、コンパス、鉛筆、定規、ハサミ、絵の具、筆、油性フェルトペン…など

●ポイント
・フランクフルトソーセージ、かき氷、あめ玉、お好み焼きなど、子どもが考えたものを作ります。
・買物あそびをするときは、お金（千円札＝色上質紙、500円・100円・10円硬貨＝ボール紙）も作りましょう。

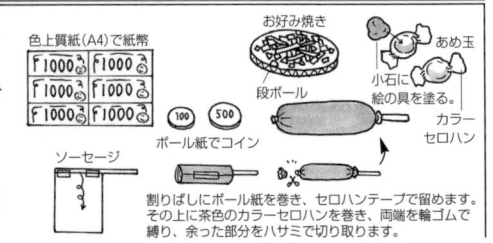

色上質紙(A4)で紙幣
お好み焼き
段ボール
あめ玉
小石に絵の具を塗る。
カラーセロハン
ソーセージ
ボール紙でコイン
割りばしにボール紙を巻き、セロハンテープで留めます。その上に茶色のカラーセロハンを巻き、両端を輪ゴムで縛り、余った部分をハサミで切り取ります。

お祭り

帽子（かさ）を作ろう
全員が使う道具　　　　（2〜5歳児）

●用意するもの
ボール紙または色画用紙、ティッシュペーパー、パンチ、ゴムひも、輪ゴム、染めた和紙、コンパス、ハサミ、ホッチキス、のり

●作り方
①ボール紙や色画用紙を丸く切り、帽子（陣がさやすげがさなど）を作ります。パンチで両端に穴を空け、ゴムひもを結びましょう。
②ティッシュペーパーの花などの飾りを、ホッチキスやのりでつけます。
③和紙を染めてホッチキスで留め、帽子や鉢巻きにしてもよいです。

お祭りワッショイ！

はっぴや衣装を作ろう
全員が使う道具　　　　（2〜5歳児）

●用意するもの
障子紙（または大きめの和紙）、ハサミ、スタンプあそびなどの材料、帯用の布

●作り方
①障子紙（または大きめの和紙）ではっぴを作ります（124ページの『ファッションショー』を参考に保育者が作ってみて、デザイン、サイズ、作り方、必要な紙の分量を決めます）。
②衣装にスタンプあそびなどをして、模様をつけます。
③布を細長く切って、帯を作ります。

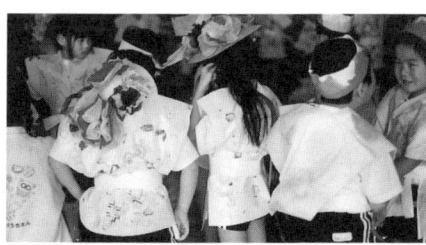

帯

はっぴには、スタンプあそびで模様をかきました。

第6章　みんなで作ろう

みんなで作ろう ひな祭り

厄災から子どもを守るために、紙などで人型のひな形を作り、これに厄を移して川に流す「流しびな」の風習と、平安貴族の女子のあそびの「ひいなあそび」が、長い歴史の中で結びついて生まれたものだと言われています。　**(5歳児)**

ひな壇飾り

●用意するもの
トイレットペーパーのしん、ティッシュペーパーの空き箱、千代紙、折り紙、色画用紙、鉛筆、水性フィルトペン、のり、木工用接着剤、ハサミ

おひなさま
1. 白い紙
2. 黒い折り紙
3. 重ねの下の着物の折り紙

おだいりさま
1. 肌色の紙
2. 黒い折り紙
3. 重ねの下の着物の折り紙

折り紙ははった後、ハサミで切り取る。

① トイレットペーパーのしんに、1、2、3の順どおりに折り紙を巻いて、のりではります。

② 千代紙の真ん中にしんを当てて、円の形を写します。

半分に折って、ハサミで円を切り抜く。

③ 上からかぶせます。

切り込みを入れて差す。

8枚花びらを半分に折る。

④ フェルトペンで顔をかき、そでを内側に折り、すそはしんの中に折り込みます。

⑤ 『お花畑を作ろう』(128ページ〜)の花びらを作って半分に折り、冠を作ります。

4枚花びらを半分に折る。

⑥ ティッシュペーパーの箱に赤い色画用紙をはって覆い、飾りつけます。

金色の折り紙で作ってはりつける。

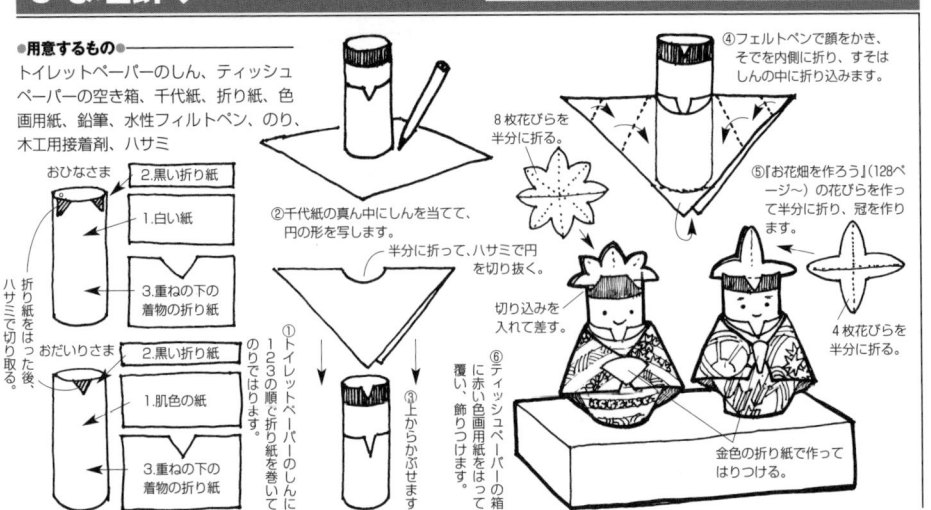

壁飾り　**(4・5歳児)**

●用意するもの
紙皿、ティッシュペーパー、半紙、千代紙、折り紙、モール、のり、木工用接着剤、ハサミ、セロハンテープ

ティッシュペーパー半分

① 千代紙を図のように折る。

谷折り／山折り／山折り／谷折り

② ティッシュペーパー半分を丸めたものに、ティッシュペーパーまたは半紙をかぶせて頭を作る。

首をしっかりねじる。

③ のりではり、セロハンテープで留める。

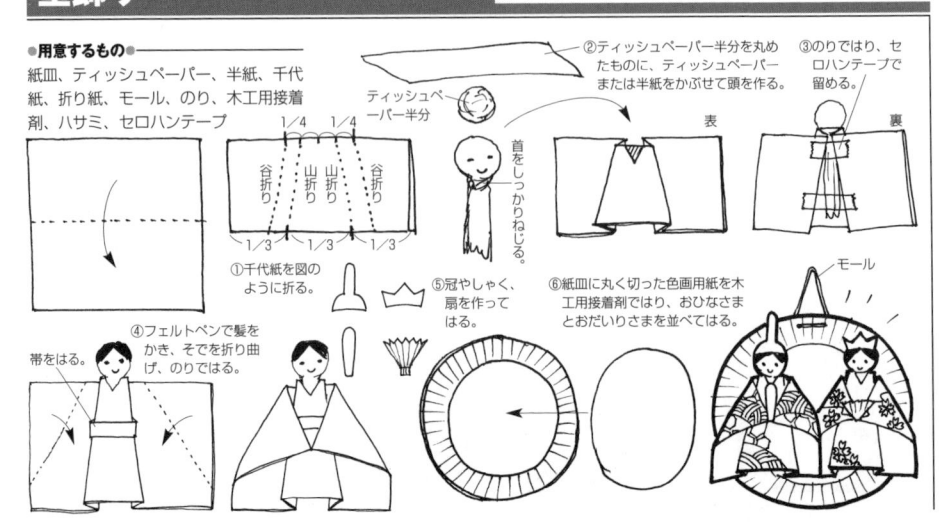

表　裏

④ フェルトペンで髪をかき、そでを折り曲げ、のりではる。

帯をはる。

⑤ 冠やしゃく、扇を作ってはる。

⑥ 紙皿に丸く切った色画用紙を木工用接着剤ではり、おひなさまとおだいりさまを並べてはる。

モール

●ひな祭り●

流しびな

(4・5歳児)

●用意するもの
折り紙、千代紙、色画用紙、ティッシュペーパー、半紙、のり、ハサミ、ホッチキス

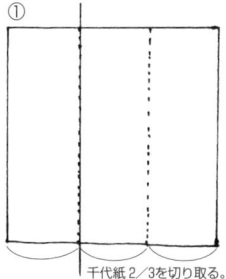

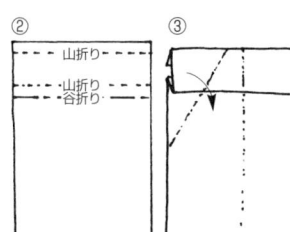

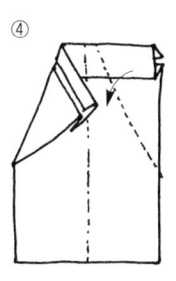

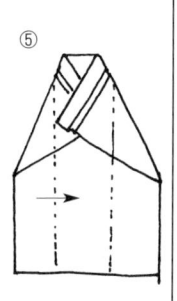

おひなさまの作り方

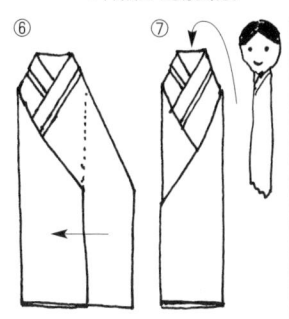

① 千代紙2/3を切り取る。
② 山折り／山折り／合折り
③
④
⑤
⑥
⑦

図のとおりに折って胴体を作り、「壁飾り」のおひなさまの要領で作った頭を差し込みます。

舟の作り方

① 八つ切色画用紙を1/4に切る。
② ○の角をぴったり合わせる。1/3 切り込みを入れる。6cm
③ ホッチキスで留める。
④ のりではる。

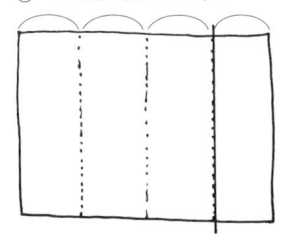

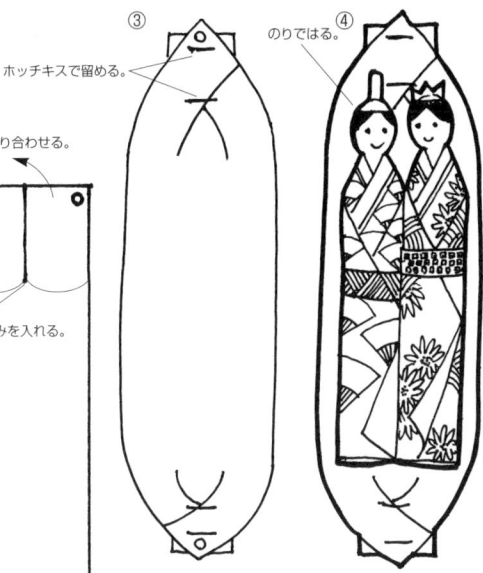

●ポイント
流しびなの習慣は各地で広く行なわれていました。今でも行なわれている中では、奈良県吉野川、鳥取県、埼玉県の例が有名です。
折り紙や画用紙で作ったおひなさまにナノハナやタンポポ、スミレやツクシなど、季節の草花を飾って遊びましょう。

第6章 みんなで作ろう

みんなで作ろう
花火大会

夜空に打ち上げられる花火をみんなで作って展示し、保育室いっぱいの花火大会にしましょう（16ページ「花火を作ろう」参照）。

花火①　　中から外へ　　（2〜4歳児）

●**用意するもの**
色画用紙（B6くらい）、鉛筆、フェルトペン、ハサミ

●**遊び方**
①保育者がかいた写真のような作品を見せながら、花火をかくことを子どもに話します。
②色画用紙の中心に鉛筆で印をつけます。
③フェルトペンで中心（鉛筆の印）から外へ向かって、放射状に線を1本1本引いていきます。ときどき色を変えながら線を引きましょう。
④1枚が完成したら、今度は色を工夫して1〜2枚かいてみましょう。
⑤できた花火を正方形や円形に切り、みんないっしょに掲示板にはると、夜空いっぱいの花火ができます（名前をどこかに書いておきましょう）。

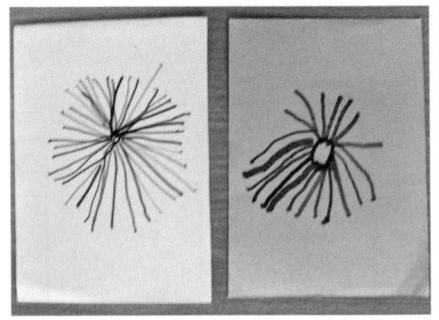

花火（4歳児）

花火②　　点々でかく　　（4・5歳児）

●**用意するもの**
色画用紙（B5、B4）、水彩絵の具、溶き皿、中筆、太筆

●**遊び方**
①少なめの水で溶いた水彩絵の具を溶き皿に数色作ります。
②B5の色画用紙に、写真のように上から下へ点々をかいていきます。太筆でかくときはゾウさんの足跡「のっし、のっし」、中筆でかくときはシカさんの足跡「ちょこちょこ」と声を出しながらかくと楽しいです。
③点々をかく練習をしておいてからB4の色画用紙を配り、点々をかいて花火を表現しましょう。ていねいに根気良く、中から外へ放射状にかいたり同心円になるようにかいていきます。黒や藍色の色画用紙に明るい色でかきましょう。

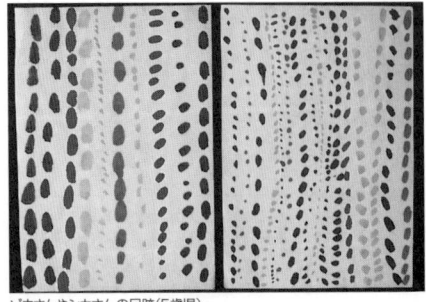

ゾウさんやシカさんの足跡（5歳児）

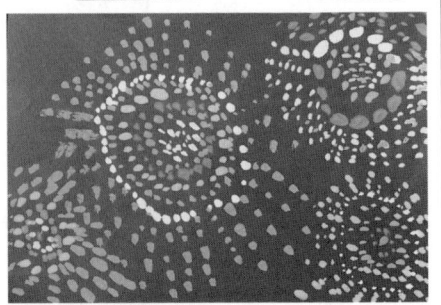

花火（5歳児・米田育子指導）

花火大会

(4・5歳児)

● **用意するもの**
正方形(18〜26cm角)の色画用紙(黒、藍、赤)、画用紙(四つ切)、裁断機で5〜8mm幅に切った紙(広告チラシ、グラビア、明るい色の折り紙)、パスまたはクレヨン、ハサミ、のり

● **遊び方**
①実際に花火をしたり、花火大会を見に行った経験について話し合います。今からみんなで花火を作って、掲示板いっぱいにはり、保育室で花火大会をすることを話します。
②好きな色の正方形の台紙を選びます（台紙の色が違っていたほうが、展示したときに変化があってよい）。
③台紙の真ん中から放射状に、細い紙を並べて置いてみます。色、幅、長さを考えて、いろいろな組み合わせを試してみましょう。
④気に入った花火の形ができたら、のりではっていきます。金紙や銀紙をはったり、円形や星形やハート形に切った紙をはると、にぎやかになります。パスやクレヨンでかき足してもよいです。
⑤できあがった花火から掲示板にはっていきます。端から順番に並べるのではなく、花火が打ち上げられていくような感じで、掲示板の真ん中からはり始め、ランダムに広げていきましょう。
⑥花火ができた子どもは、画用紙にパスやクレヨンで、花火を見物している人をかきましょう。みんなで作った花火の下に見物している人の絵をはって、花火大会の完成です。

花火(5歳児)

掲示板いっぱいの花火(学生作品)

● **ポイント**
できあがった作品をすぐに展示していくことによって、完成の喜びが味わえるとともに、まだできていない子どもへのヒントになったり、がんばろうという意欲にもつながります。

第6章 みんなで作ろう

みんなで作ろう
クリスマスの飾り

保育室の棚や床にツリーを立てて、みんなで飾りつけをしよう。

クリスマスツリー　　　　　　　　　　　　　（5歳児）

●用意するもの
段ボール板(90cm×100cm)2枚、厚手ケント紙(A全紙)2枚、色画用紙（緑）、定規、カッターナイフ（あればL型のもの）、ハサミ、クラフトテープ、木工用接着剤、のり、画びょう

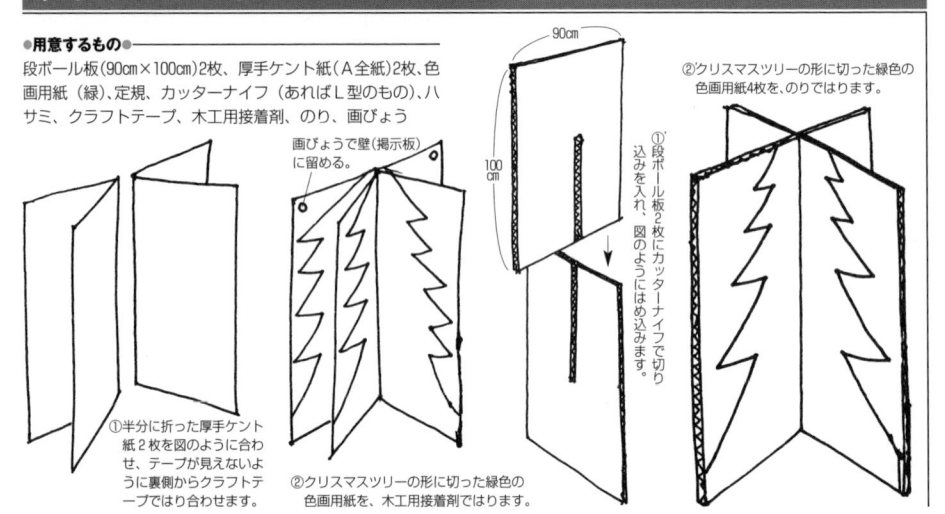

画びょうで壁(掲示板)に留める。

90cm
100cm

①'段ボール板2枚にカッターナイフで切り込みを入れ、図のようにはめ込みます。

②クリスマスツリーの形に切った緑色の色画用紙4枚を、のりではります。

①半分に折った厚手ケント紙2枚を図のように合わせ、テープが見えないように裏側からクラフトテープではり合わせます。

②クリスマスツリーの形に切った緑色の色画用紙を、木工用接着剤ではります。

クリスマスリース　　　　　　　　　　　　　（5歳児）

●用意するもの
折り紙、飾るもの（リボン、おはじき、ボタン、マツボックリ、ドングリ、マカロニなど）、のり、木工用接着剤

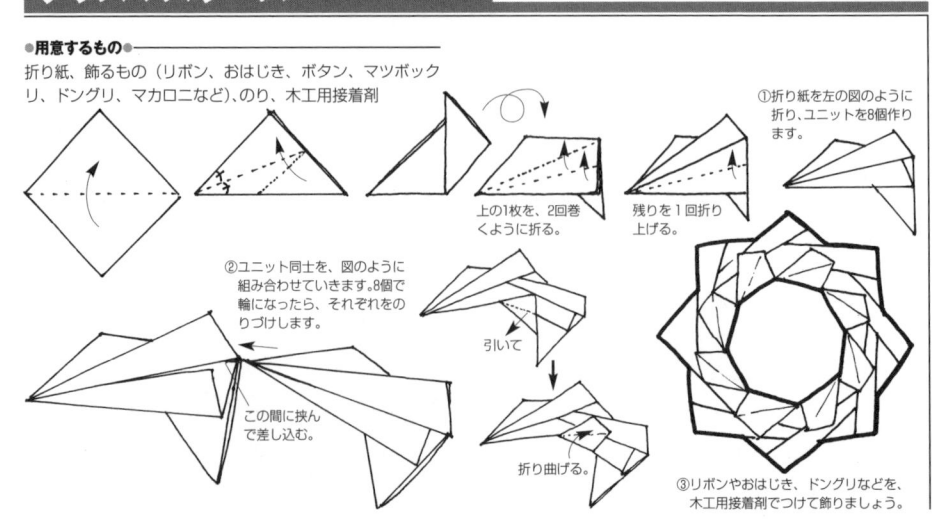

①折り紙を左の図のように折り、ユニットを8個作ります。

上の1枚を、2回巻くように折る。

残りを1回折り上げる。

②ユニット同士を、図のように組み合わせていきます。8個で輪になったら、それぞれをのりづけします。

この間に挟んで差し込む。

引いて

折り曲げる

③リボンやおはじき、ドングリなどを、木工用接着剤でつけて飾りましょう。

クリスマスブーツ （5歳児）

●**用意するもの**●
色上質紙（B4）、飾るもの（折り紙、リボン、端ぎれ、毛糸、モール、クッキングホイル、ボタンなど）、のり、木工用接着剤、セロハンテープ、ホッチキス

B4の色上質紙または薄手の色画用紙から、26cm×26cmの正方形を切り取る。

上から2～3cmの所を折ってから、半分に折る。

中央は2～3cm開ける。
折り線をつける。
図のように折っていきます。

畳んだまま、よく折り癖をつける。
丸く円筒形にする。
1枚を折り下げつつ、引っ張り出すようにする。

この部分を中へ折り込んで、底を整える。
木工用接着剤を塗り、乾くまでセロハンテープで留めておく。
全体の形を整える。
木工用接着剤を塗り、ホッチキスで留める。
底から見たところ
中へ折り込む。

リボンやビーズ、ボタンなどで、楽しく飾りましょう。

第6章 みんなで作ろう

みんなで作ろう
迷路を作ろう

迷路は子どもたちの大好きなあそびです。段ボールで作る迷路はダイナミックな造形活動です。できあがってから遊べるのもとっても魅力的。みんなで協力して楽しい迷路を作りましょう。

●用意するもの
大きめの模造紙、太めのフェルトペン、パスまたはクレヨン、できるだけたくさんの段ボール（どんなものでもOK、大型の量販店やスーパーなどで分けてもらいましょう）、カッターナイフ（あればL型のもの）、クラフトテープ

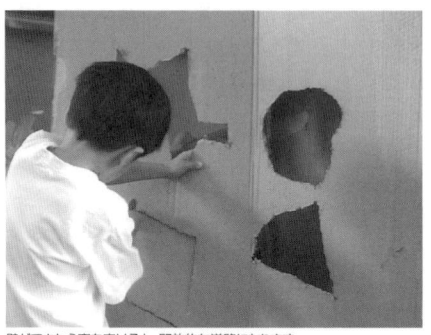

設計図をかこう
●作り方

紙に大まかな設計図をかいてみましょう。子どもたちの意見を取り入れながら、製作意欲を高めるためにも、できるだけ大きな紙にかいてはり出しましょう。迷路が完成するまではっておき、途中で予定を変更したり、新しく道を追加したいときは相談しながらかき加えて、みんなで確認できるようにしておきましょう。

できた所までパスなどで色を塗っていくと、期待感も高まります。

壁ができたら窓を空けると、開放的な道路になります。

床を作ろう
●作り方

段ボールをカッターナイフで開いて（金具があれば取っておきます）床の上に順に置き、継ぎ目をクラフトテープではり、段ボールの床を作ります。

※屋外や、床に直接クラフトテープをはってよい場合には、この作業は省略してもよいです。

壁を作ろう
●作り方

①高さ50cmくらいの段ボール（トイレットペーパーや紙おむつの段ボール箱など）をカッターナイフで開いて、1枚の板状にします。

②段ボールのふたの部分はクラフトテープで留め、もう片方は互い違いに開いて立て、壁のできあがり。

※できるだけ段ボールの端が出ないように、クラフトテープをはりましょう。すき間に指を入れたり、つまずいたりして、けがの元にならないように。

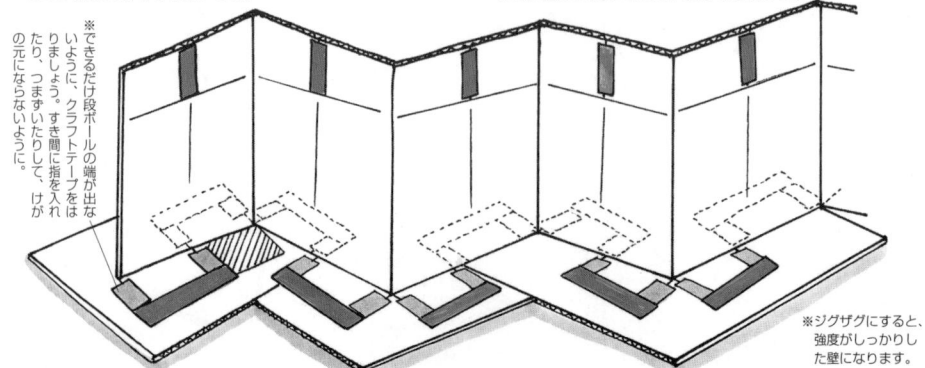

※ジグザグにすると、強度がしっかりした壁になります。

●迷路を作ろう●

(3〜5歳児)

分かれ道を作ろう

●作り方●

　一つの道から二つの道へ、その道からまたたくさんの道へと、道から道を増やしましょう。先が見通せないのが迷路です。

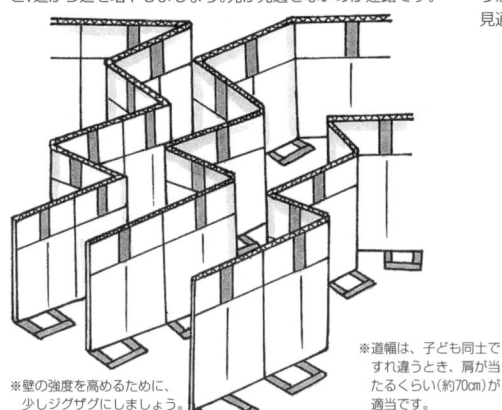

※壁の強度を高めるために、少しジグザグにしましょう。

※道幅は、子ども同士ですれ違うとき、肩が当たるくらい(約70cm)が適当です。

壁を増やそう

●作り方●

　迷路ができたら、先が見通せている道になっていないかどうかを確かめましょう。もしそのようになっていたら、先を見通せないような工夫を新たに増やしましょう。

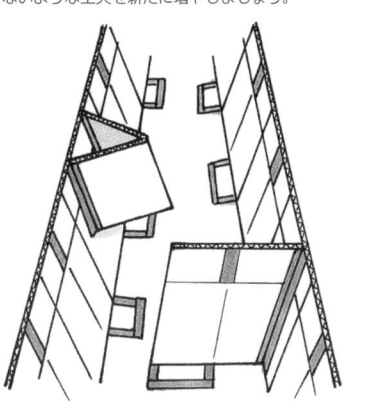

いろいろな工夫をしよう

●アレンジ●

- 迷路が完成したら壁に穴を空けて、横にくぐり抜けていけるようなトンネルや窓を作りましょう。
- 分かれ道の代わりに扉を作りましょう。

※扉は図のように一辺を残して切り、開け閉めできるようにします。

※冷蔵庫やテレビ用の大きな段ボールがあれば、塔やトンネルに使えます。

遊戯室に作った、巨大迷路。

●ポイント●

迷路は迷う道

　りっぱな迷路を作っても、それがどこまでも見通せる道ならそれは迷路とは言えません。前を見ても先が見通せない。あるいは道がいくつかに分かれているなど、わくわくする気持ちをもてるような作りになるよう心がけましょう。

第6章　みんなで作ろう

みんなで作ろう
影絵シアター

プロジェクターを使って、影絵あそびを楽しみましょう。

(3〜5歳児)

　この題材は、保育者と子どもがいっしょに作り上げるものです。

●用意するもの
プロジェクター（OHP用またはパソコン用）、スクリーン（なければ版画用和紙をセロハンテープで8枚程度つなげると、安上がりです）、支え用の木の棒数本、ボール紙、カラーセロハン、千枚通し、割りピン、人形の心棒（直径5mm長さ50cm）1本、竹ひご（長さ50cm）2本、のり、セロハンテープ、ハサミ、カッターナイフ、カッティングマット

●作り方
①人形は、胴体と頭×1、手×2、足×2の五つのパーツを作るのが基本です。頭は横向きのほうが作りやすいでしょう。また、向きを変えることで動きが出ます。
②カッターナイフで穴を空けてカラーセロハンをはり、カラーの模様を作ることもできます。
③胴体には心棒をつけます。五つのパーツは穴を空けて割りピンでつなぎ、動かせるように作ります。千枚通しで穴を空けるのは、保育者がやりましょう。手の先に竹ひごをセロハンテープでつけてもよいでしょう。

●遊び方
　心棒を上下に振ると、割りピンでつないだ手足がおもしろい動きをします。子どもに操作させる前に、まず保育者が操作して見せてあげましょう。
　年齢が上がれば、竹ひごを動かす子どもと、心棒を持つ子どものふたりで人形を操作します。音楽に合わせてお話を展開しましょう。
　光源との距離により、人形の大きさが変わります。人形と光源の間にカラーセロハンを配置すると、朝昼夜の感じが演出できます。

●ポイント
- 初めは1〜2体の人形で、単純なお話から始めましょう。
- 人形は何度でも使えます。キャラクターを増やすことで、バリエーションが生まれます。
- 中国や東南アジアの影絵人形劇が参考になります。機会があれば、調べてみましょう。

第7章 子どもの絵の表現の発達の道筋

子どもの絵の発達の基本

　子どもの絵の表現を見ていくと、子どもによって多少の違いはありますが、基本的には同じ発達の道筋をたどります。子どもみずからが生まれながら内在しているプログラムと、体験や学習によって、着実に成長していくのです。その基本として次のようなことが言えます。

①子どもの絵の表現の発達は、一般的な心身の発達と深い関係があります。

```
認知機能　
運動機能　}　諸機能の発達 ←→ 絵の表現の発達
感性・社会性　　　　　　↕
　　　　　　　　　　体験の充実
```

　図のように諸機能が発達することによって、絵の表現も変わってきます。逆に絵の表現が諸機能の発達を促します。また生活体験を充実することが、諸機能や絵の表現の発達を促します。

②絵の表現の発達はどの子どもも規則的で、基本的に幼児の段階では、日本の子どもだけでなく、世界中の子どもが同じような順序で変化していきます。

③子どもの絵の表現の発達には順序性がありますが、指導のあり方や個々の子どもによって個人差があります。年齢とは必ずしも一致しないので、流動的に考えます。

④子どもの生活環境や文化環境、興味関心によっても表現の発達が異なります。
　子どもが絵をかいて持って来たときに、大人が興味を示して励ますと、子どもはどんどん絵をかき、表現の中身も高まります。保育のちょっとした工夫やヒントによっても、子どもの絵の表現は深まっていきます。

子どもの絵の表現の発達の道筋

絵の表現の発達の道筋をたどっていくと、次のようになります(発達論には諸説あります。名称、年齢の区分は多少異なりますが、発達の道筋は基本的に変わりません。この発達段階は筆者の説で述べます)。

参考文献:「子どもの絵は何を語るか」-発達科学の視点から-(東山明・東山直美共著/日本放送出版協会、NHKブックス863/1999年)

①なぐりがきの時期 (1歳半~2歳半ごろ)
－造形活動の始まり－

- 説によっては「錯画期」「ぬたくり期」とも言います。心理学や英語では「スクリブル(Sucribble)」と言われています。
- 早い子どもは1歳前後からかき始めます。最初はクレヨンをたたくように点や短線をかき、横線、縦線、波線、渦巻き線などと複合的に変化していきます。
- 初めのころは手を動かす運動感覚を楽しんでいますが、なぐりがきの後半になると、イメージを浮かべ「クルマ ブッブー」などとつぶやきながら、意味をもたせてなぐりがきをします。
- 楽しく自由にかけるような雰囲気をつくるようにし、かけたことを褒めるようにしましょう。

「汽車ごっこ」(3歳児・なぐりがきの時期)

②象徴期 (2歳半~4歳ごろ)
－形が現われ、意味づけしてかく－

- カタログのように画面に並べてかくので「カタログ期」、かいたことに意味づけするので「命名期」とも言われます。象徴期の後半を「図式前期」として、区分する説もあります。
- 丸や渦巻きのような形が現われ、「これ ママ」「これ くるま」と意味づけをします。
- 記号のような象徴的な形から、頭足人のような人や、簡単な花や家をかくようになります。
- イメージしたことを思いつくまま、カタログのように羅列的・断片的に、お話をしながらかきます。
- 絵をかいて持ってきたら、何をかいたか話してもらうなど、絵を通してのコミュニケーションを大事にし、おもしろい表現や工夫をしたこと褒めるようにしましょう。裏に日付やかいた内容を記録しておきましょう。

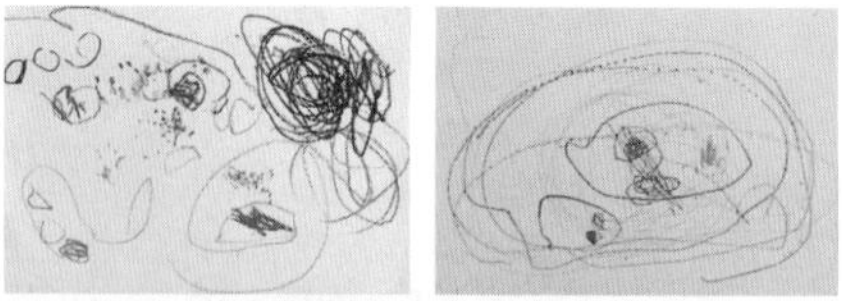

「みんなで遊んだ」(2歳児・象徴期)

「家族四人」(2歳児・象徴期) 頭足人

「積み木あそび」(2歳児)

「運動会」(3歳児・象徴期)

「泣く妹」(4歳児・象徴期)

「イモ掘り」(5歳児・図式期)

「お山の木」(5歳児・図式期)

③図式期 (5歳〜8歳ごろ)
―画面に空間秩序が形成され、絵記号を組み合わせてかく―

- 基底線（地面）、空をかき、横から見た断面図のように、左右に並べて平面的にかくことが多いです。
- ものを見て、見えたようにかくというより、知っていることをかこうとします。観察したり動作をしてみて、形や動きに関心をもたせて認識を深めるのはよいですが、表現を写実的に強要してはいけません。
- 次のような独特のかき方をすることがあります。
  展開描法：テーブルに座っている人を四方に倒したようにかきます。
  多視点描法：家は横から、道は上から、人は倒れたようにと、画面にいろいろな視点から見たようにかきます。
  レントゲン描法：家や車の中を、レントゲンで透き通したようにかきます。
  拡大描法：興味のあることを拡大してかきます。家より大きな人というように、大小関係をあまり気にしません。
- 女の子は人形（人）、家、花などを絵記号（図式）的に、想像の世界をよくかきます。男の子は乗り物、ロボット、怪獣などの速いもの、強いもの、メカニックなものを好んでかきます。

「おみこし」(小学2年・図式期) 展開描法

「縄跳び」(5歳児・図式期)

「玉入れ」(5歳児・図式期)

第7章 子どもの絵の表現の発達の道筋 145

「お友達」(小学1年・図式期) 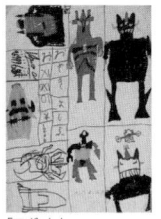　「ロボット」(小学2年・図式期)

④写実の黎明期 (8歳～11歳ごろ)
－写実的表現の芽生え－

- 図式的表現傾向から、写実的な表現をしようとしますが、形がゆがんだり矛盾の多い絵をかきます。写実的表現への過渡期的な時期です。
- 部分的には詳しくかけますが、全体的にはバランスが狂ったりします。動作などを考えて人をかきますが、関節が丸く曲がったり、いびつになったりします。
- 羅列平面的な表現から、重なりや奥行き、遠近などの空間表現をし始めますが、矛盾のある絵をかきます。
- 形がいびつになったり、矛盾のある絵をかくのがこの時期の子どもの表現です。動作をしてみたり、観察していろいろなことを発見する活動は大事ですが、写実的に正確にかくことを強要しないようにしましょう。

「ショベルカー」(小学3年・写実の黎明期)

「ショベルカー」(小学3年・写実の黎明期)

「大玉転がし」(小学2年・写実の黎明期)

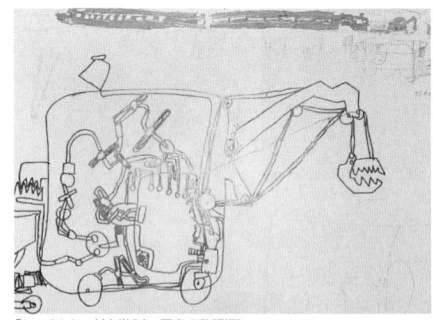

「笛」(小学3年・写実の黎明期)

制作風景(小学5年)

⑤ 写実期 (11歳～15歳ごろ)
－写実的、客観的表現ができる－

- 観察力が増し、写実的、客観的で、あるがままの表現ができるようになってきます。
- 明暗、陰影、立体感、遠近、質感など、説明すると意識して表現できますが、自分の思いどおりに表現できなくて、絵がきらいになっていく子どもも出てきます。技法やテクニックを教えたり、内面を深化したり、意欲や集中力を維持する雰囲気づくりが必要です。
- 予想を立てて計画的に制作ができるので、アイデアスケッチをするなど、構想を練って制作するようにしましょう。
- 客観的思考、批判力、評価ができるようになってきます。

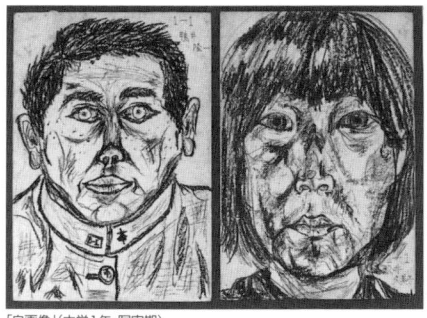

「植物の芽」(中学2年・写実期)

「演奏」(小学6年・写実期)

⑥ 完成期 (15歳～18歳ごろ)
－自己の内面化が進み、芸術的感覚が育つ－

- 写実的な描写力が高まり、技術的にも精巧になり、内面的に深まり、集中して表現すると非常に高度な表現ができます。しかし、興味関心が少なく集中力や意欲が低下すると、おもしろ味のない作品になります。
- 抽象性、思想性、ファッション感覚など芸術的な感性の土台が育ち、ひとりの人間としての基礎が整います。

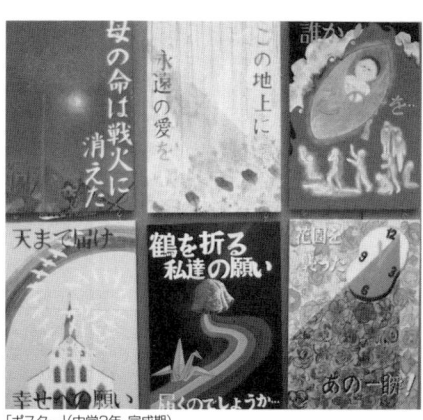

「自画像」(中学1年・写実期)

「ポスター」(中学3年・完成期)

第7章 子どもの絵の表現の発達の道筋 147

〈編著者〉

東山　明（ひがしやま　あきら）
神戸大学名誉教授

主な著書
『絵の指導がうまくいく・ヒント&アドバイス』（東山明編著／ひかりのくに／2008年）
『幼児の造形ニューヒット教材集①②』（東山明ほか編／明治図書／2012年）
『子どもの絵は何を語るか』（東山直美と共著／日本放送出版協会、NHKブックス863／1999年）
ほか多数

執筆協力者（五十音順）役職名

阿部　寿文	大阪女子短期大学	教授	本文11・29・34・36・37・38・39・40・41・56・57・58・66・67・74・96・131・142
小林　伸雄	夙川学院短期大学	教授	本文8・9・10・12・13・26・27・28・68・69
竹井　史	愛知教育大学	教授	本文16・17・64・65・76・77・80・81・82・83・84・85・86・92・93・94・95・118・119・122・123・140・141
羽多　悦子	神戸女子短期大学	教授	本文14・15・18・19・20・21・42・43・52・53・54・55・100・101・108・109・120・121・126・127
山野　てるひ	京都女子大学	教授	本文44・45・70・71・78・79・87・124・125・128・129・130・134・135・138・139
東山　明	神戸大学名誉教授		カラー口絵8ページ、本文22・23・24・25・30・31・32・33・46・47・48・49・50・51・60・61・62・72・73・88・89・90・91・106・107・132・133・136・137・144～147、および各章扉部分

〈STAFF〉
- カラー口絵レイアウト／景山　芳
- 本文レイアウト／永井一嘉
- 編集協力／永井一嘉
- カラー口絵イラスト／ゼリービーンズ
- 本文イラスト／あべつせこ、伊東美貴、ジャンボ・KAME、町田里美、松本　剛、箕輪絵衣子、阿部寿文、山野てるひ、田中暎子
- 企画・編集／安藤憲志、長田亜里沙、花房　陽

※本書は、2005年発行『絵画・製作・造形あそび指導百科』にカラー口絵8ページを加え、縮小版にし、改題したものです。

よくばりセレクションプチ②
絵画・製作・造形あそびカンペキBOOK

2013年8月　初版発行

編著者　東山　明
発行人　岡本　健
発行所　ひかりのくに株式会社
　〒543-0001　大阪市天王寺区上本町3-2-14　郵便振替 00920-2-118855　TEL.06-6768-1155
　〒175-0082　東京都板橋区高島平6-1-1　郵便振替 00150-0-30666　TEL.03-3979-3112
ホームページアドレス　http://www.hikarinokuni.co.jp
印刷所　図書印刷株式会社

©2013　乱丁、落丁はお取り替えいたします。

本書のコピー、スキャン、デジタル化等の無断複製は著作権法上での例外を除き禁じられています。本書を代行業者等の第三者に依頼してスキャンやデジタル化することは、たとえ個人や家庭内の利用であっても著作権法上認められておりません。

Printed in Japan
ISBN978-4-564-60832-2
NDC376　156P　19×15cm